심리학자 양이와 작가 댕댕이가 함께 떠나는

신기한
마음 여행 다이어리

김성직. 박심성 저

소리산

신기한 마음 여행 안내

오늘 하루도 잘 지내셨나요? 행복한가요?
누구나 가끔은 내가 지금 괜찮은지 묻습니다.

당신은 지금 행복한가요?

혹시,

이유도 모른 채 숨 가쁘게 바쁘진 않나요?

아무리 노력해도 원하는 그곳이 멀기만 한가요?

노력하고 싶은 무엇을 찾지 못했나요?

지금의 어려움에서 벗어나기를 바라고 있나요?

누구나 다른 얼굴처럼

만들어가고 싶은 행복의 모양도 모두 다릅니다.

혹시,

남들과 똑같은 행복을 바라고 있었을지도 모를 당신에게,

〈신기한 마음 여행 다이어리〉는 당신에게 꼭 맞는

'맞춤 행복'을 찾기 위한 여행을 준비했습니다.

신기한 **마음 여행 안내자**

'맞춤 행복 찾기' 마음 여행을 안내할 안내자를 소개합니다.

첫번째 안내자 고양이 심리학자 마음이

안녕하세요.
저는 여러분의 마음 여행을 안내할
심리학자 양이 마음이입니다.

저는 사람에게 관심이 많습니다. 누군가를 만나서 이야기를 나누고, 공동의 목표를 생각하고, 좋은 해결 방법을 찾기 위하여 함께 하는 과정을 좋아합니다. 각기 다른 방식으로 삶을 풀어가는 사람들의 이야기에는 '그 사람'만의 특별한 삶이 담겨 있습니다. 상담자는 그런 삶 여정의 어느 한 지점을 잠시 함께 가는 사람입니다. 도움을 청한 분과 한 팀이 되어 진행하는 상담은 마치 이인삼각 경기처럼 느껴질 때가 많습니다. 처음에는 호흡이 잘 맞지 않아 함께 넘어지기도 하고, 가야 할 방향을 잃어버리기도 하지만 시간이 흘러 팀워크가 좋아지면 방향감각도 점점 회복되고, 보이지 않던 시야도 확보됩니다. 상담으로 가야 할 목표지점과 우선순위를 정하고, 해결을 위한 다양한 방법을 탐색하고, 필요한 기술의 목록도 익히면서 점점 더 해결 능력이 향상됩니다. 그리고 상담이 끝날 즈음에는 도움을 받은 사람도, 도움을 준 사람도 이러한 과정을 함께 하면서 함께 성장했다고 느낍니다. 신기한 마음 여행은 이러한 성장의 과정을 독자와 함께 하려 합니다. 우리의 일상은 매일 서로 다른 기대, 감정, 생각, 가치를 지닌 다양한 사람들의 마음 활동이 상호작용합니다. 서로 다른 마음 활동에 따른 갈등이나 충돌이 일어나기도 하나 서로 다른 점을 교환하고 배우는 성장도 일어납니다. 마음 여행은 쉼, 비움, 만남, 새로움이라는 우리의 마음을 다루는 주제로 여행을 시작하여, 마음의 주인공인 여러분이 자신을 더 잘 이해하고, 새로운 기술을 배우고 익혀 여행을 마칠 때에는 스스로 원하는 변화와 성장을 이루기 위한 행복한 답을 찾기를 바랍니다.

두번째 안내자 댕댕이 작가 행복이

안녕하세요.
저는 작가 댕댕이 행복이입니다.

저는 글을 읽고 또 쓰는 것을 좋아합니다. 그 이유는 아마도 남의 이야기 속에서 나를 만나고, 나의 경험을 남의 이야기로 만들고 싶어서 였는지 모르겠습니다. 내가 남이 되는 경험. 이것은 마치 여행과도 비슷합니다. 몇 해 전 독일 여행 중 괴테가 탄생한 방에서 발걸음을 멈춘 적이 있습니다. 발걸음이 멈추자 마음도 멈추어졌습니다. 마음이 멈춘 그곳에서 수세기 전 이곳에서 태어났을 한 작가와 저는 한 공간에 머물 수 있었습니다. 그렇게 시공간을 넘어 수세기 전 한 작가가 앉아 있었을 의자에 저를 앉히고 보니, 보이는 게 많았습니다. 내가 좋아하는게 무엇이었는지, 하고 싶었던 일이 무엇이었는지, 무엇을 만나고 싶어했었고, 무엇을 기뻐했고, 무엇을 슬퍼했었는지....... 어쩌면 여행은 멈춤일지 모릅니다. 가던 길을 멈추어 잠시 뒤를 돌아보고, 옆을 둘러보고 그리하여, 걸음을 정돈하는 일. 저희와 함께 할 당신의 이번 '마음 여행길' 이 그런 시간이 되길. 그 길 속에서 진짜 자기 자신을 만나고 여행의 끝자락에 섰을 때는 자신을 이끌어가고 있는 당신 자신을 만날 수 있길 바라며 안내를 시작하려 합니다.

행복이가 걸음을
멈추었던 괴테가
탄생한 방이랍니다.

여행 지도

마음 여행 코스 1
쉼 여행

마음 여행 코스 2
비움 여행

마음 여행 코스 3
만남 여행

마음 여행 코스 4
새로움 여행

마음 여행 코스 5
자유 여행

자유

쉼

만남

비움

새로움

매일 아침, 저녁 10분의 시간을 활용해
'행복한 나'를 만들어가는 훈련,
지금 바로 시작해 보세요.

신기한 마음 여행 코스

쉼 여행: 마음 쉬기

복잡하고 힘든 감정, 일을 잠시 멈추고 지금 현재 이곳에 그냥 머무르는 여행, 마음 휴식 코스입니다.

비움 여행: 마음보기

나의 일상생활과 힘들고 불편한 감정, 생각을 돌아보면서 정리하고, 이해하고, 비우는 여행. 마음보기 코스입니다.

만남 여행: 응원하기

든든한 위로, 격려, 응원, 칭찬 메시지를 만나면서 긍정 에너지를 충전하는 여행. 마음 응원 코스입니다.

새로움 여행: 과제 발견하고 실행하기

매일 일어나는 크고 작은 갈등과 문제 상황 그리고, 잊어버린 나의 꿈을 돌아보면서 해결하고 실현할 방법에 도전하는 여행. 과제 발견과 실행 코스입니다.

자유 여행: 매일 실행하고 점검하기

쉼, 비움, 만남, 새로움에서 경험한 다양한 방법을 실생활에 사용하여 마음 행복을 향한 작은 변화 과제를 스스로 만들고 실행하는 일기 여행. 자유 여행 코스입니다.

신기한 마음 여행 티켓 구매

어떤 여행 코스가 마음에 와 닿으세요?
나에게 맞는 여행 코스를 찾아보세요

나를 힘들게 하는 것,
내가 원하는 것을 아는 것은
'맞춤 행복 찾기' 여행의
첫걸음입니다.

당신은 지금 자신과 주변을 챙길 여유가 없나요?

나는 지금 '_____' 늘 바쁘고 지칩니다.

당신은 지금 어떤 감정으로 힘든 상태인가요?

나는 지금 '_____' 감정으로 힘듭니다.

당신은 지금 자신감이나 격려가 필요한가요?

나는 지금 '_____'가 필요합니다.

당신은 지금 어떤 변화가 필요하다고 느끼나요?

나의 '_____'을 바꾸고 싶습니다.

신기한 **마음 여행 준비물**

I. Time

여행할 시간을 준비해 주세요.

2. Hope

기대하는 마음을 준비해 주세요.

3. Do

여행을 직접 체험해 주세요.

신기한 마음 여행 주의 사항

1. 쉼 코스는 모든 여행의 기본 코스입니다. 꼭 참여해 주세요.

2. 구매한 티켓의 코스와 상관없이 안내자가 설정한 여행코스 1-16을 순서대로 진행하길 권장합니다.

3. 티켓을 구매하지 못하였어도 마음 여행 코스에 관심이 있다면 여행을 진행할 수 있습니다.

4. 여행을 하는 동안 여러 가지 사정으로 잠시 멈추는 일이 생길 수 있습니다. 그래도 포기하지 말고 다시 이어가기 바랍니다.

마음 여행이 시작됩니다.
편안한 마음으로 함께 떠나요.

마음 여행 코스 1

쉼 여행

마음 쉬기

빠른 속도로 지나가던 거리를
천천히 걷는다면
그동안 보지 못했던
작은 커피숍이나 맛집을 발견할 수도 있고,
지나가는 사람들의 얼굴이나 말소리도
보고 들을 수 있을 것입니다.
쉼은 그런 시간에 대한 연습입니다.
빠른 속도로 흘러가던 인생 속도를
잠시 멈추고 늦추어
나, 그리고 주변을 둘러보면서
무엇이 보이는지, 들리는지, 느껴지는지 관찰하여
그동안 보지 못했던 지금의 나를 경험하는 시간입니다.

여행 1. 하늘, 바람, 햇살

　최근 하늘을 본 적이 있으신가요? 오늘은 잠시 눈을 돌려 하늘을 바라봅니다. 뭉게구름이 흘러가는 하늘을 만날 수도 있고, 새파란 푸른 하늘을 만날 수도 있고, 비 내리는 어두운 하늘을 만날 수도 있습니다. 내가 만난 하늘은 어떤 하늘인지 관찰하는 마음으로 천천히 둘러보세요. 마음이 가는 곳에 시선을 두고 하늘을 마주합니다. 그리고 숨을 가득 들이쉬고, 잠시 멈춘 후 스르르 내쉽니다. 몇 차례 숨을 들이쉬고, 내쉬면서 호흡에 집중하는 그 순간, 하늘과 구름, 비와 햇살은 모두 나와 연결된 하나라고 느껴집니다.

하늘, 바람, 햇살 여행 팁

1. 집안이나 밖의 햇살이 가장 잘 드는 조용한 곳에 서거나 앉습니다.

2. 관심이 가는 하늘의 한 곳에 시선을 잠시 멈춥니다.

3. 따뜻한 햇살이 나의 몸에 닿는 걸 느끼며 코로 숨을 가득 들이쉽니다. 천천히 호흡을 따라 햇살과 바람의 에너지가 온몸에 퍼져 감을 느낍니다.

4. 다시 자연스럽게 숨을 내쉽니다.

5. 몇 차례 천천히 호흡을 반복하며, 늘 존재하는 하늘과 바람 햇살에 감사한 마음을 보냅니다.

6. 온몸이 따뜻해집니다.

여행 2. 꽃과 나눈 이야기들

오늘은 주변의 나무나 꽃을 관찰하는 날입니다. 집에서 기르는 꽃이나 나무, 산책길이나 지나가는 장소에 있는 꽃이나 나무를 하나 정하여 시간을 내어 잠시 멈추세요. 그리고 그냥 스쳐 지나갔던 꽃과 나무의 색감, 질감, 형태를 천천히 보면서 관찰합니다. 어떤 향이 나는지, 바람이나 비에 흔들리는 소리는 어떤지, 빛의 반사에 따라 꽃잎과 잎의 변화는 어떤지 관심을 가지고 살핍니다. 그리고 숨을 가득 들이쉬고, 잠시 멈춘 후 스르르 내쉽니다. 몇 차례 숨을 들이쉬고, 내쉬면서 호흡에만 집중하는 그 순간, 꽃과 나무는 모두 나와 연결된 하나가 됩니다.

나무와 꽃 여행 팁

1. 집이나 산책로의 꽃이나 나무 앞에 잠시 멈춥니다.

2. 나뭇결, 잎사귀 또는 꽃잎을 관찰합니다.

3. 나무와 꽃잎의 향기를 맡으며 천천히 숨을 들이쉽니다.

4. 숨을 내쉬며 눈을 뜹니다. 다시 나무와 꽃잎을 바라보며 숨을 깊이 들이쉬고 잠시 멈춘 후, 다시 자연스럽게 내쉽니다.

5. (산책로라면) 나무와 꽃잎과 함께 걷는다는 마음으로 천천히 발을 옮겨봅니다. 발을 들 때 숨을 들이쉬고, 내릴 때 내쉬고 천천히 호흡에만 집중하며 걷습니다. 10-20분 오직 숨을 들이쉬고 내쉬는 데에만 집중하며 걷습니다. (집 안이라도 햇볕 드는 쪽을 활용하여 진행해 봅니다)

6. 마음이 평화로워집니다.

여행 3. 음악과 차의 향기 속으로

오늘은 편안한 휴식과 행복을 주는 음악을 들으면서 느긋하게 차를 마시는 날입니다. 당신의 마음을 느긋하게 이완시키고 행복한 기분을 느끼게 하는 편안한 음악을 고릅니다. 좋아하는 향의 커피나 차가 있으면 더 좋습니다. 이제 하던 일이나 생각을 잠시 멈추고 음악 선율을 따라가면서 그냥 그대로 쉬는 몸, 쉬는 마음을 느껴봅니다. 좋아하는 차의 향과 맛도 천천히 음미하면서요. 그리고 숨을 가득 들이쉬고, 잠시 멈춘 후 스르르 내쉽니다. 몇 차례 숨을 들이쉬고, 내쉬면서 호흡에 집중하는 그 순간, 음악과 차 향기와 함께 그냥 그대로 '좋은' 나를 만나보세요.

음악과 차 여행 팁

1. 마음이 평온해지는 물소리 등 자연의 소리나 명상 음악을 틉니다.
(10분 - 15분 정도 길이의 음악을 인터넷에서 찾아 조용한 볼륨으로 틉니다)

2. 좋아하는 향의 차나 커피도 준비합니다.

3 명상 음악의 선율을 따라 숨을 깊게 들이쉬며 찻잔을 들어 차향기도 함께 마십니다.

4. 천천히 숨을 내쉽니다.

5. 음악을 느끼며 천천히 차를 마시며 깊은 호흡을 반복합니다.

6. 다 마신 후, 잠시 눈을 감고 온몸이 부드러운 음악과 차로 위로됨을 느낍니다.

7. 마음이 따뜻해지고 평온해집니다.

여행 4. 어떤 맛을 좋아하세요?

    오늘은 매일 섭취하는 음식의 고유한 맛을 관찰하는 날입니다. 느린 속도의 영상물을 찍는 것처럼 서두르지 말고 천천히 음식을 먹는 과정에 집중합니다. 식재료가 재배되어 한 끼 식사가 되기까지의 과정을 떠올리고, 지금 섭취한 음식물이 우리 몸의 곳곳으로 이동하여 꼭 필요한 에너지가 되는 이미지도 떠올리면서 그 순간 '건강한' 나를 느껴봅니다.

맛 여행 팁

1. 이 음식이 만들어지기 전 어떤 과정이 있었을지 상상하며 바라봅니다.

2. 깊이 숨을 들이쉬며 음식의 냄새를 맡아봅니다.

3. 한 입 먹으며 입에 생기는 감각을 느껴봅니다.

4. 충분히 씹으며 여러 가지 맛을 느낍니다.

5. 음식을 삼키며 음식이 위장으로 내려가는 움직임을 느껴봅니다.

6. 지금 섭취한 음식이 몸의 곳곳으로 퍼져갈 것이라 상상하며 음식을 바라보고, 그 음식이 내 몸 속 곳곳에 존재하게 된다는 마음으로 천천히 다시 음식을 먹습니다.

7. 감사가 차오릅니다.

여행 5. 웃으면 복이 와요

오늘은 특별히 시간을 내어 웃는 날입니다. 하루를 보내면서 답답하거나, 힘 빠지거나, 속상하거나, 화나는 일이 생길 수 있습니다. 그럴수록 함께 이야기를 나누면서 많이 웃을 수 있는 친구, 가족, 동료, 선후배에게 연락합니다. 건강한 웃음 코드로 신나게 웃을 수 있는 영상물이나 이미지 사진을 보는 것도 도움이 됩니다. 미소나 웃음을 짓는 그 순간 사용되는 근육, 소리, 이미지는 1000억 개에 달하는 뇌세포를 자극합니다. 그리고 다양한 뇌신경 전달물질을 분비하여 스트레스와 긴장을 낮추고, 통증을 줄이고, 면역을 높이는 일을 합니다. 내가 웃으면 친구도, 가족도, 동료도, 이웃도 함께 웃습니다. 그리고 세상도 웃습니다.

웃음 여행 팁

1. 건강한 웃음 코드로 신나게 웃을 수 있는 영상물이나 책 등을 준비합니다.

2. 편안하게 앉아 준비된 영상물이나 책을 보며 박장대소하며 웃습니다.

3. 웃고 난 후, 웃음을 주었던 이미지를 떠올리며 잠시 머무릅니다.

4. 가벼워진 마음을 느끼며, 크게 기지개를 켜고 마무리합니다.

5. 마음도 시원해집니다.

여행 6. Shall We Dance or Sing?

　　오늘은 좋아하는 음악에 따라 춤을 추고, 노래도 불러보는 날입니다. 우리의 몸과 마음은 편히 쉬면서 에너지를 회복하기도 하지만 외부로 에너지를 방출하면서 에너지의 균형을 유지하기도 합니다. 좋아하는 음악을 틀고 나오는 선율에 따라 몸을 움직이세요. 몸치라도 상관없습니다. 각자의 몸에 탑재된 자신만의 리듬을 믿고 따라가면 됩니다. 노래도 흥얼거려 봅니다. 방음이 충분한 장소라면 목청을 높여 노래를 부르며 내 목소리에 귀를 기울여 보세요. 오늘은 다른 누구의 몸짓을 보고 소리를 듣는 것이 아닌 나 자신의 리듬과 소리에 집중하는 시간입니다.

춤 또는 노래 여행 팁

1. 방해받지 않을 장소를 정해 편안하게 섭니다.

2. 신나게 춤을 출 수 있는 음악을 골라 틉니다.

3. 신나는 음악에 몸을 맡기고 자유롭고 신나게 몸을 움직입니다.

4. 몸에 땀이 날 정도로 춤을 춥니다.

5. 잠시 멈추어 몸의 기운을 느껴봅니다.

6. 크게 기지개를 켜고 마무리합니다.

7. 마음도 펴집니다.

여행 7. 스트레칭의 행복

　오늘은 스트레칭, 요가, 필라테스 등의 동작을 하면서 호흡을 고르는 연습을 하는 날입니다. 경험이 있는 분은 이미 배운 방법을 활용합니다. 처음 하는 분은 동영상을 찾아서 자신의 몸에 무리가 가지 않는 동작을 선택하여 배웁니다. 천천히 따라 하면서 동작이 익숙해지면 호흡과 동작에만 더욱 집중하세요. 스트레칭 동작을 반복할수록 긴장했던 근육은 점점 유연해지고 이완됩니다. 그리고 몸의 유연성과 안정감이 회복될수록 우리 마음의 평온함과 안정감도 좋아집니다. 몸과 마음은 둘인 것 같지만 서로 연결된 하나입니다.

스트레칭 여행 팁

초보자를 위한 6가지 요가 포즈

아이 자세

다운독 자세

코브라 자세

브릿지 자세

워리어 자세

런지 자세

여행 8. 마음의 평화와 명상

　오늘은 명상을 배우는 날입니다. 우리의 뇌는 어마어마한 정보를 처리하므로 어느 한순간도 쉬지 않고 일하고 있습니다. 가만히 누워 스마트폰을 검색하는 그 순간도 뇌는 바쁘게 활동하는 중입니다. 그리고 뇌로부터 신호를 받은 우리의 몸도 끊임없이 반응합니다. 명상은 호흡을 통하여 너무 많은 정보처리로 과부하가 일어난 두뇌 활동을 멈추고 '지금은 잠시 휴식 중'이라는 신호를 보내는 시간입니다. 외부의 방해가 적은 시간대, 장소를 정하고 처음에는 1분~5분의 짧은 선이나 명상을 진행합니다. 이미 경험을 한 사람은 시간을 더 늘려보세요. 온전히 호흡에만 집중하는 그 순간, 몸과 마음은 하나가 됩니다. 선이나 명상의 방법은 다양합니다. 자신에게 편안한 방법을 선택하여 경험하여 보세요. 이 책에서는 '단전주 명상법'을 소개합니다.

명상 여행 팁
단전주 명상 방법

1. 매트나 방석을 깔고 양쪽 무릎이 바닥에 닿을 수 있도록 편안하게 앉은 후에 머리와 허리를 곧게 하여 자세를 바르게 합니다. (바닥이 불편하신 분은 의자에 앉으셔도 됩니다.)

2. 허리를 곧게 펴고 눈을 감습니다.

3. 몸과 마음의 긴장을 풀고, 자연스럽고 편안하게 호흡을 깊이 들이쉬며 단전 (배꼽아래부분)까지 보냅니다.

4. 호흡을 고르게 하되, 들이쉬는 숨은 조금 길고 강하게, 내쉬는 숨은 조금 짧고 약하게 합니다. 호흡에만 집중합니다.

5. 눈은 뜨는 것이 졸음을 제거하기 위해 필요하지만, 잠에 빠져들 염려가 없다면 감아도 좋습니다.

6. 입은 살짝 다뭅니다.

7. 처음으로 좌선을 하는 사람은 흔히 다리가 아프고 잡념이 일어납니다. 잡념이 일어날 때에는 다만 잡념이구나 하고 알아차리면, 스스로 없어집니다.

(출처 : 원불교 정전 '좌선법' 에서 발췌 첨삭)

마음 쉬기

여행자용 다이제스트

내 마음 휴식 다이어리

다양한 방법의 쉼 여행을 경험하였습니다.
지금부터 5일 동안은 앞에서 연습한
'마음 쉬기' 를
우리의 몸과 마음에서 습관으로 받아들이도록
매일 아침 저녁, 다이어리로 진행합니다.
'이제는 쉬는 시간이니 모든 것을 잠시 멈추고
몸과 마음을 쉬라.' 는 휴식 신호를
반복하여 보내는 연습입니다.
다음날 하루 중 진행할 다른 휴식 목록도 써 봅니다.

쉼 일기

마음 쉬기

– 1분 명상 + 5분 스트레칭 하기

	했어요	못했어요
아침		◯
저녁	◯	

– 내일의 쉼 목록 계획하기

30분 산책

_____

오늘도 땡큐

– 하루 중 고마운 일 나누기

집으로 돌아오는 길, 차창으로 들어오는 햇살이 참 따뜻했어요.

이 햇살을 받을 수 있음에   '고마워요.'

쉼 일기 Day 1

년   월   일

마음 쉬기

- 1분 명상 + 5분 스트레칭 하기

	했어요	못했어요
아침		
저녁		

- 내일의 쉼 목록 계획하기

_____

_____

오늘도 땡큐

- 하루 중 고마운 일 나누기

_____

'고마워요.'

쉼 일기 Day 2

년　　　월　　　일

마음 쉬기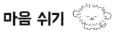

– 1분 명상 + 5분 스트레칭 하기

	했어요	못했어요
아침		
저녁		

– 내일의 쉼 목록 계획하기

_____

_____

오늘도 땡큐

– 하루 중 고마운 일 나누기

_____

_____ '고마워요.'

쉼 일기 Day 3

년   월   일

마음 쉬기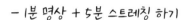

- 1분 명상 + 5분 스트레칭 하기

	했어요	못했어요
아침		
저녁		

- 내일의 쉼 목록 계획하기

_____

_____

오늘도 땡큐

- 하루 중 고마운 일 나누기

_____

'고마워요.'

쉼 일기 Day 4

년　　　　월　　　　일

마음 쉬기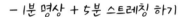

― 1분 명상 + 5분 스트레칭 하기

	했어요	못했어요
아침		
저녁		

― 내일의 쉼 목록 계획하기

_____

_____

오늘도 땡큐

― 하루 중 고마운 일 나누기

_____

'고마워요.'

쉼 일기 Day 5

년   월   일

마음 쉬기

- 1분 명상 + 5분 스트레칭 하기

	했어요	못했어요
아침		
저녁		

- 내일의 쉼 목록 계획하기

_____

_____

오늘도 땡큐

- 하루 중 고마운 일 나누기

_____

'고마워요.'

마음 여행자 휴게소

쉼 여행을 하느라 수고하셨습니다.

　이 휴게소에서는 마음 여행 중인 당신에게 휴식이 되는 이야기를 들려드릴 예정입니다. 오늘은 최초의 러시아 우주 비행사 이야기를 들려드리려 합니다. 최초의 우주 비행사는 우주로 나가 작은 우주선 안에서 지구를 내려다보았습니다. 얼마나 감동적이었을까요. 더구나 자신이 지구를 내려다 본 최초의 인간이란 생각에 더욱 행복해졌습니다. 그런데 어느 순간 우주선 안에서 아주 작은 소음이 들리기 시작했습니다. "똑. 똑. 똑. 똑......." 그는 그 소음을 해결하기위해 많은 노력을 시작했습니다. 하지만, 아무리 노력해도 그 소리는 그치지 않았습니다. 이제 행복은 사라지고 고통과 두려움만 남게 되었습니다. 그런 어느 순간, 그는 소음을 이길 다른 방법을 찾아냅니다. 바로 두 눈을 감고 그 소음을 사랑으로 받아들이기로 한 것입니다. 그 순간 놀랍게도 그 소음은 음악이 되어 들리기 시작합니다. 다시 평화가 찾아오고, 그는 무사히 지구로 돌아오게 되었답니다. 2011년 선댄스 국제 영화제에서 심사위원 특별상을 받은 영화 〈Another Earth〉에서 나온 이야기랍니다.

행복이의 쉼 여행 스케치

비행기가 하늘을 가르고 있었습니다. 그 순간을 핸드폰에 담으며 알게 되었어요. 비행기가 나타나 하늘이 보였다는 사실을요. 그러고 보면 좋은 게 있어서 싫은 게 나타나고, 예쁜 게 있어서 미운 게 나타나고 내가 있어서 너로 나누어지진 않았을까요. 이런 분별이 모든 관념의 시작이진 않을까요. 편안히 산책길로 들어서면 가끔 내가 사라지고 산책로의 나무들과 하나가 된다는 느낌이 들 때가 있습니다. 편안히 명상에 잠기면 공기와 바람과 햇살과 나의 호흡이 분리되지 않은 느낌이 들 때가 있습니다. 모두가 내가 되고 내가 모두가 될 때가 있습니다. 이것이 쉼 여행이 알려준 행복으로 가는 길이었나 봅니다.

나의 쉼 여행 스케치

마음 여행 코스 2

비움 여행

마음보기

컴퓨터 작업을 하면서 저장 공간이 부족하다는 신호를 종종 봅니다. 아마도 필요한 프로그램 및 파일을 계속 설치하고 저장하면서, 비우고 정리하지 않은 결과일 것입니다. 우리들의 일상도 이와 비슷하지 않을까요. 비움은 일상을 돌아보고, 챙기고, 정리하면서 새로운 공간을 만드는 여행입니다. 바쁜 일정과 해결 안 된 감정으로 빽빽하게 채워진 마음에서는 '내'가 있는 지점이 어디인지, 그리고 무엇이 필요하고 중요한지 보기가 어렵습니다. 비움 여행으로 그동안 사라진 마음 공간이 확보되면, 그곳의 주인공인 우리 자신도 더 잘 볼 수 있을 것입니다.

여행 9. 내 일정보기

오늘은 일주일 일정을 보면서 꼭 필요한 일과 그렇지 않은 일을
점검합니다. 먼저, 지난 일주일의 일정을 아래에 기록하여 보세요.

월	
화	
수	
목	
금	
토	
일	

– 일정을 보면서 중요한 일정은 검정색 별점 (★), 행복한 일정은 하얀색 별점 (☆)으로 5점 만점 기준으로 몇 점인지 평가합니다.

– 평가한 별점을 보면서 어떤 일에 많은 시간을 보냈는지 살핀 후,

(예) 중요도도 높고 행복도도 높음. / 중요도는 높으나 행복도는 낮음. / 중요도는 낮으나 행복도는 높음. / 중요도 행복도 모두 보통임. / 중요도와 행복도가 모두 낮음.

별점이 모두 낮거나 불필요했던 일정은 선을 그어 제외시킵니다.

사람마다 중요한 일, 행복한 일의 기준은 다르나 모두에게 주어진 하루 24시간은 같습니다. 오늘 하루, 그리고 일주일간 누구와 어떤 일을 하면서 시간을 보내는지 살피면 한 달, 혹은 일 년 후 미래를 예측할 수 있습니다. 현재의 나의 모습이 미래의 나이기 때문입니다.

일정보기

여행자용 다이제스트

내 일정보기 다이어리

비움 여행의 일정보기 여행은 어떠셨나요?
'일정보기'는 필요한 일정과 그렇지 않은 일정을
구분하여 관리하는 연습입니다.
이제 2일 동안의 다이어리로 하루의 일정과 계획을
효과적으로 관리하여 보세요.

비움 일기_일정보기

마음 쉬기

- 1분 명상 + 5분 스트레칭 하기

	했어요	못했어요
아침	○	
저녁		○

일정보기

- 오늘 하루 일정 기록하기

오늘 일정	- 회사 근무 (★★★★☆) - 퇴근길 친구와 저녁약속 (☆☆☆☆★) - ~~인터넷으로 신발 쇼핑 (☆☆☆)~~ - ~~TV 시청 (☆☆☆)~~ - 아침, 저녁 5분 명상 (★★★☆☆)

- 중요도 및 행복도 별점 평가 (중요한 일정은 검정색 별점, 행복한 일정은 하얀색 별점으로 5점 만점 기준)
- 별점이 모두 낮거나 불필요했던 일정 제외 (선을 그어 제외)

오늘도 땡큐

- 하루 중 고마운 일 나누기

비가 내려서 미세먼지가 가라앉았네요. 비님   '고마워요.'

비움 일기_일정보기 Day 1

년   월   일

마음 쉬기

– 1분 명상 + 5분 스트레칭 하기

	했어요	못했어요
아침		
저녁		

일정보기

– 오늘 하루 일정 기록하기

오늘 일정	

– 중요도 및 행복도 별점 평가
– 별점이 모두 낮거나 불필요했던 일정 제외

오늘도 땡큐

– 하루 중 고마운 일 나누기

_____

_____   '고마워요.'

- 35 -

비움 일기_일정보기 Day 2

마음 쉬기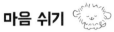

- 1분 명상 + 5분 스트레칭 하기

	했어요	못했어요
아침		
저녁		

일정보기

- 오늘 하루 일정 기록하기

오늘 일정	

- 중요도 및 행복도 별점 평가
- 별점이 모두 낮거나 불필요했던 일정 제외

오늘도 땡큐

- 하루 중 고마운 일 나누기

_____ '고마워요.'

행복이의 **일정보기** 여행 스케치

일정보기 여행을 하다 보니 하루 중 타인과 세상이 아닌 나 자신과 만나는 시간이 얼마나 있었는지 생각하게 되네요. 나의 생각이 늘 어디로 향하고 있었는지 하루를 어떤 마음으로 살아왔는지 돌아보게 되네요.

나의 **일정보기** 여행 스케치

여행 10. 내 마음보기

 오늘은 불편한 감정을 만나는 '마음보기' 여행 시간입니다.

'내 마음보기' 여행의 주의사항

1. 마음 여행에 방해되지 않도록 조용하고 편안한 장소, 15~20분 정도의 여유시간을 미리 챙겨주세요.

2. 여행지는 선택한 감정에 따라 참여가 필요한 곳도 있고, 참여가 필요하지 하지 않은 곳도 있습니다. 자신에게 해당하는 여행지를 선택하여 진행하세요.

3. 여행지의 순서는 불편감이 덜한 여행지에 먼저 참여하고, 불편감이 큰 여행지는 나중에 하세요.

4. 만일 여행에 대한 부담이 크거나 여행 도중 불편감이 심하면 '만남-응원하기' 여행을 먼저 하세요.

5. 상담자인 '마음이'가 모든 여행지의 안내자로 당신과 함께합니다.

참여할 여행지를 결정하기 위하여 옆 페이지의 감정 단어 중 평소 자주 느끼는 불편한 감정 세 가지를 감정 목록에서 선택하여 기록합니다.

/   /

놀란	속상한	지루한
귀찮은	걱정스러운	짜증나는
답답한	지친	화난
우울한	미안한	서운한
부끄러운	억울한	피곤한
괴로운	슬픈	겁나는
후회스러운	불쾌한	무관심한
불안한	심란한	외로운
긴장된	실망스러운	무서운
미운	안타까운	불편한

선택한 단어는 당신에게는 중요한 감정 단어들입니다. 불편한 내용의 감정일지라도 우리가 느끼는 감정은 모두 '나'의 소중한 경험 자료입니다. 특히 반복적인 불편감을 일으키는 감정, 어떤 상황에서 크게 동요하는 감정은 이해가 필요한 부분입니다. 아마도 과거의 상처와 연결된 감정일 가능성이 높습니다. 당시 바라고 원했지만 어떤 이유로 인하여 거절되었거나 배려 받지 못한 부분은 해소가 안 된 감정으로 그냥 남아 있습니다. 불편한 감정은 우리가 느꼈던 당시의 기록이 고스란히 담겨있는 중요한 자료입니다. 그러므로 '마음보기' 여행은 나의 불편한 감정을 통하여 다시 나를 보는 시간이 될 것입니다. 준비가 되었나요? '내 마음 보기' 여행을 시작합니다.

여행지. **후회하는, 안타까운**

　　당신은 후회하는 감정, 안타까운 감정을 가장 불편한 감정으로
선택하였어요. 천천히 그날의 기억을 소환합니다.

– 그날은 어떤 날이었나요?　언제, 어디였는지 떠올립니다. 함께
있었던 사람(들)은 누구였나요?　이름과 얼굴도 떠올립니다. 그
리고 무슨 일이 있었는지 기억나는 부분들을 천천히 연결하세요.
그 장면에 대한 내 마음은 ＿＿＿＿＿＿＿＿＿＿＿＿＿＿입니다.

– 그 당시 어떤 일이 있었는데 그런 마음을 느끼게 되었나요?

- 다시 돌아간다면, 나는 ＿＿＿＿＿＿＿＿＿＿＿＿할 것
입니다. 왜냐하면 ＿＿＿＿＿＿＿＿＿＿＿＿하는 것이 나
에게는 중요한 일이기 때문입니다. 당시 내가 원했던 것은
＿＿＿＿＿＿＿＿＿＿＿＿ 이었던 것 같습니다.

- 당신이 원했던 것은 ＿＿＿＿＿＿＿＿＿＿＿＿ 이었는데,
그렇지 않아서 후회하고, 안타까운 마음이었겠어요. 누구라도 같
은 상황이면 당연한 감정이 들 것입니다. 충분히 이해하고 따뜻하
게 위로합니다. 당신 옆에서 그 마음을 함께 나누겠습니다.

나를 알아주는 마음

우리가 느끼는 불편한 감정들은 다 그럴만한 이유가 있습니다. 모두 생존과
적응을 위해 당신에게 필요했던 훈장과 같아요. 그러니 '그렇구나.' '그래서
그랬구나.' '그런 상황이면 그럴 수밖에 없었어.'라고 말하면서 따뜻한 시선
으로 그런 자신을 바라보세요. 어미 새가 따뜻하게 알을 품을 때의 마음처
럼요. 따뜻한 온기를 통하여 불편하고 힘들었던 감정도 언젠가는 껍질에서
나와 새롭게 변합니다.

그래서
그랬구나.

여행지. **억울한, 화가 난, 서운한**

　당신은 억울한, 화가 난, 서운한 감정을 선택하였어요. 천천히 그 날의 기억을 소환합니다.

– 그날은 어떤 날이었나요?　언제, 어디였는지 떠올립니다. 함께 있었던 사람(들)은 누구였나요?　이름과 얼굴도 떠올립니다. 그 리고 무슨 일이 있었는지 기억나는 부분들을 천천히 연결하세요.

그 장면에 대한 내 마음은 ＿＿＿＿＿＿＿＿＿＿＿＿＿입니다.

– 그 당시 어떤 일이 있었는데 그런 마음을 느끼게 되었나요?

＿＿＿＿＿＿＿＿＿＿＿＿＿＿＿＿＿＿＿＿＿＿＿＿＿＿
| |
| |

– 다시 돌아간다면, 나는 ＿＿＿＿＿＿＿＿＿＿＿＿＿＿＿＿＿할 것입니다. 왜냐하면 ＿＿＿＿＿＿＿＿＿＿＿＿＿＿＿＿하는 것 이 나에게는 중요한 일이기 때문입니다. 당시 내가 원했던 것은 ＿＿＿＿＿＿＿＿＿＿＿＿＿＿＿＿＿＿＿＿ 이었던 것 같습니다.

- 당신이 원했던 것은 _____ 이었는데,
그렇지 않아서 억울하고, 화나고, 서운하였군요. 당연한 감정입니다. 그런 당신을 위하여 (나비포옹)을 해주세요.

...✧ 나를 알아주는 마음 ✧...

나비 포옹은 누군가 다른 사람이 나를 안아 위로의 토닥임을 주는 것 처럼 내가 나를 위로하는 방법입니다. 한 손은 반대편 겨드랑이 아래쪽 몸통을 살짝 잡고, 다른 손은 반대편 팔꿈치를 잡습니다. 두 팔로 나를 감싸 안는 자세가 되었다면, 한동안 눈을 감고 든든하고 따뜻하게 감싼 팔과 손의 느낌을 느낍니다. 그리고 자연스럽게 토닥이면서 서운하고 화 난 마음을 위로하는 마음 이야기를 전하여 보세요. '그래, 정말 화가 나고 서운했겠구나.', '그런 상황이라면 누구나 그런 기분이 들 것 같아.', '너 입장을 충분히 이해해.' 라는 것 처럼요. 말하는 것이 불편하면 충분한 시간 그냥 꼭 안아 주세요. 말 없이 안아 주는 것만으로도 마음의 위안이 됩니다.

여행지. **당황스러운, 부끄러운**

    당신은 당황스럽고, 부끄러운 기억과 관련된 장면을 선택하였어요. 천천히 그날의 기억을 소환합니다.

– 그날은 어떤 날이었나요? 계절이나 날짜는 언제일까요? 어떤 장소에 누가 있었는지 장소나 함께 있던 사람(들)의 이름이나 얼굴을 떠올립니다. 그리고 무슨 일이 있었는지 생각나는 부분들을 천천히 기억합니다. 그 장면에 대한 내 마음은 _____ _____입니다.

– 그 당시 어떤 일이 있었는데 그런 마음을 느끼게 되었나요?

– 다시 돌아간다면, 나는 _____할 것입니다. 왜냐하면 _____하는 것이 나에게는 중요한 일이기 때문입니다. 당시 내가 원했던 것은 _____ 이었던 것 같습니다.

– 당신이 원했던 것은 _____ 이었는데, 그렇지 않아서 당황스럽고, 부끄럽다고 느끼셨겠어요오. 누구라도 그런 상황이라면 당연한 감정입니다. 지금이라도 따뜻하게 위로하고 싶어요. 그리고 당신 옆에 함께 있겠습니다.

내가 주는 특별상

부끄럽고 당황했던 나에게 주는

특별 위로상

부끄럽고, 창피하고, 후회하는 마음은
사실 많은 이해와 위로가 필요하였는데,
그런 나를 피하며
오랫동안 보살펴주지 않아 미안합니다.
지금이라도 따뜻한 지지와 격려로서
힘들었던 그때 그 마음을 바라보며 위로합니다.
누구에게도 그런 기억이 있을 수 있지만
그럼에도 불구하고 나는 그냥 나이며,
오늘도 그런 나를 사랑합니다.

내 마음의 주인공 (   )

여행지. **소외된, 외로운**

    당신은 소외되고, 외로운 기억을 선택하였어요. 천천히 그날의
기억을 소환합니다.

– 그날은 어떤 날이었나요?　계절이나 날짜는 언제일까요?　어
떤 장소에 누가 있었는지 장소나 함께 있던 사람(들)의 이름이나
얼굴을 떠올립니다. 그리고 무슨 일이 있었는지 생각나는 부분들
을 천천히 기억하세요. 그 장면에 대한 내 마음은 _____
_____입니다.

– 그 당시 어떤 일이 있었는데 그런 마음을 느끼게 되었나요?

– 다시 돌아간다면, 나는 _____할
것입니다. 왜냐하면 _____하는 것
이 나에게는 중요한 일이기 때문입니다. 당시 내가 원했던 것은
_____ 이었던 것 같습니다.

– 당신이 원했던 것은 _____ 이었는데, 그렇지 않아서 소외되고, 외롭고, 혼자라고 느끼셨겠어요. 그런 상황이라면 누구라도 같은 감정이었을 것 같아요. 그 마음을 충분히 이해합니다. 앞에서 배운 나비포옹으로 자신을 따뜻하게 토닥여 주세요. 그리고 당신이 절대 혼자가 아니라는 사실도 기억하길 바랍니다.

언제나 함께한 사람들

주변의 사람들을 떠올리면서 나와 함께 시간을 보냈던 기억나는 사람들의 이름을 모두 써 보세요. 그리고 그 이름들 외에 당신이 기억하지 못하는 많은 사람이 지금도 함께 하고 있습니다.

우리는 모두 당신 편입니다.

여행지. **걱정되는, 불안한, 초조한**

당신은 걱정되고, 불안하며, 초조한 감정을 선택하였어요. 천천히 당시의 기억을 소환합니다.

– 그날은 어떤 날이었나요? 계절이나 날짜는 언제일까요? 그리고 어떤 장소에 누가 있었는지 장소나 함께 있던 사람(들)의 이름이나 얼굴을 떠올립니다. 무슨 일이 있었는지 생각나는 부분들을 천천히 기억하세요. 그 장면에 대한 내 마음은 ＿＿＿＿＿＿＿＿
＿＿＿＿＿＿＿＿＿＿＿＿＿＿＿＿＿＿＿＿＿＿＿＿＿＿입니다.

– 그 당시 어떤 일이 있었는데 그런 마음을 느끼게 되었나요?

– 다시 돌아간다면, 나는 ＿＿＿＿＿＿＿＿＿＿＿＿＿＿＿＿할 것입니다. 왜냐하면 ＿＿＿＿＿＿＿＿＿＿＿＿＿＿＿＿하는 것이 나에게는 중요한 일이기 때문입니다. 당시 내가 원했던 것은 ＿＿＿＿＿＿＿＿＿＿＿＿＿＿＿＿＿＿＿ 이었던 것 같습니다.

– 당신이 원했던 것은 ＿＿＿＿＿＿＿＿＿＿＿＿ 이었는데, 그렇지 않아서 걱정스럽고, 불안하고, 초조하게 느끼셨겠어요. 그 입장이었다면 누구나 같은 감정이었을 것 같아요. 이제는 제가 당신의 편이 되어 함께 하겠습니다. 불안하고 긴장할 때마다 긴장을 줄이는 연습을 사용하여 보세요. 도움이 될 것입니다.

긴장을 줄이는 연습

바닥에 발이 닿는 의자를 선택합니다. 의자 바닥, 등받이에 엉덩이와 등이 잘 닿도록 앉고, 다리는 적당한 넓이로 벌린 후 양발은 바닥에, 그리고 양손은 허벅지에 편히 놓습니다. 숨을 잠시 고른 후 바닥에 닿아있는 발바닥에 관심을 두고 지금 발바닥이 어떤 상태인지 천천히 관찰일기를 쓰는 것처럼 살핍니다. 어떤 상태인지 표현하여 보세요. 다음은 엉덩이와 등 부분으로 관심을 옮깁니다. 엉덩이와 등이 의자 바닥과 등받이에 잘 닿아있는지 먼저 확인합니다. 그런 후 엉덩이부터 시작하여 등이 닿은 상태를 서두르지 말고 관찰합니다. 어떤 상태인가요? 표현하여 보세요.

이제 숨쉬기 연습을 할 차례입니다. 숨을 들이쉴 때는 코로 숨을 충분히 들이쉬어 가슴에 공기가 차면 잠깐 짧게 멈춥니다. 그런 후 내쉴 때는 스르르 공기가 코로 빠지는 느낌으로 내쉽니다. 숨 쉴 때는 공기가 들어가고 나가는 것에만 집중합니다. 이렇게 숨 쉬는 동작에만 집중하면서 호흡을 반복하면 윗몸이나 어깨의 힘이 빠지면서 축 늘어지는 것처럼 느껴집니다. 몸의 긴장이 많이 풀어졌다는 신호입니다. 마지막으로 입가에 살짝 미소를 짓고 잠시 머무르세요.

여행지. **막막한, 슬픈**

당신은 막막한 기분 혹은 슬펐던 기억이 연상되는 기억을 선택하였습니다. 천천히 당시의 기억을 소환합니다.

– 그날은 어떤 날이었나요? 계절이나 날짜는 언제일까요? 그리고 어떤 장소에 누가 있었는지 장소나 함께 있던 사람(들)의 이름이나 얼굴을 떠올립니다. 무슨 일이 있었는지 생각나는 부분들을 천천히 기억하세요. 그 장면에 대한 내 마음은 _____
_____입니다.

– 그 당시 어떤 일이 있었는데 그런 마음을 느끼게 되었나요?

– 다시 돌아간다면, 나는 _____할 것입니다. 왜냐하면 _____하는 것이 나에게는 중요한 일이기 때문입니다. 당시 내가 원했던 것은 _____ 이었던 것 같습니다.

– 지금, 현재 이런 당신의 마음을 잘 이해하며 의지할 수 있는 사람은 누구인가요? _____. 그 사람이 지금 당신 앞에 있다고 상상하세요. 만일 그런 대상이 떠오르지 않는다면 마음 안내자인 제가 당신 옆에서 함께 하겠습니다. 당신을 지탱해줄 안전하고 든든한 나무를 상상해도 좋습니다. 당신의 등을 든든한 나무에 잘 기대어보겠습니다. 오랜 세월을 세상과 함께 한 나무는 많은 사람의 아픔과 슬픔을 말없이 지켜보았을 것입니다. 언제나 그랬듯이 오늘은 당신의 이야기를 듣기 위하여 지금 그 자리에 있습니다. 그러니 막막하고 슬펐던 마음을 나무에 기대어 이야기하여 보세요. 오랜 세월 그러했듯이 당신의 이야기를 들을 준비가 되어 있습니다. 말하기가 힘들다면 그냥 기대어 우셔도 괜찮습니다. 많은 사람의 이야기를 들으면서 성장한 잎과 가지, 그리고 든든한 줄기와 뿌리를 통하여 누구보다도 당신의 마음을 잘 이해할 거예요. 다른 사람들의 눈에 보이지 않은 그 마음까지요.

어제도, 오늘도, 내일도

"어제도, 오늘도, 내일도, 우리는 당신과 늘 함께였어요. 눈을 들어 나무 사이로 들어오는 햇살을 한 번 보세요. 어제도, 오늘도, 내일도 우린 당신을 향해 있었답니다."

마음보기

여행자용 다이제스트

내 마음보기 다이어리

정말 수고하였습니다.

불편한 감정과 연결된 나를 살피는 과정은

누구에게나 쉽지 않은 일입니다.

이제 3일 동안의 '마음보기' 다이어리는

일상생활의 여러 상황에서 앞에서 다룬 불편한 감정이

언제 등장하는지 살피는 연습 시간입니다.

나를 괴롭히기도 하고, 바라지 않는 결과로 이어질 수도 있는

감정을 관찰하고, 이해하는 시간이 되기를 응원합니다.

비움 일기_마음보기

sample

마음 쉬기

- 1분 명상 + 5분 스트레칭 하기

	했어요	못했어요
아침	○	
저녁	○	

마음보기

- 불편한 상황 탐색하기

하루를 보내면서 일이나 사람 관계에서 작거나 큰 감정동요나 불편함이 있었던 상황을 찾아 누구와 어떤 상황이었는지 짧게 적습니다. 기분은 어땠는지 당시 느꼈던 기분의 이름을 붙이고, 내가 원했던 결과나 반응은 무엇이었는지 살핍니다.

• **누구와 어떤 일이 있었나요?**

직장에서 업무에 대한 약속을 어긴 동료가 있어 지적했더니 도리어 나에게
화를 냈다.

• **상황 / 기분 / 원했던 반응을 생각하면서 아래 문장을 만드세요.**

[   ] 하기를 바랬는데 상황이 (상대가) [   ] 하여 내 마음 (감정)이 [   ] 했다.

내가 맞는 말을 하는데도 받아들이지 않고 화를 내서 나도 화가 났다.

– 내 마음 이해하기

<u>상대가 내 말을 잘 들어주는게</u> 가(이) 나에게는 중요한 일인 것 같다.

오늘도 땡큐

– 하루 중 고마운 일 나누기

내 마음을 보게 해 위로를 주는 이 일가장이 <u>'고마워요.'</u>

행복이 Pick 비움 팁 - 바라보기

'뇌에는 '아미그달라'라는 부정적 감정을 켜고 끄는 스위치가 있습니다. 사람이 겪는 모든 상황을 이 '아미그달라'는 무조건 '내 편'과 '적'으로 분류해 두뇌에 전달합니다. 철저하게 자신의 생존이라는 시각으로 상황을 분류하는 것입니다. 그런데, 이 '아미그달라'에 빨간 신호가 켜지면 반드시 해제 신호를 보내주어야 꺼집니다. 그 최선의 방법이 바로 그냥 바라보는 것입니다. 거울처럼 비춰주면 저절로 꺼지지만 반박하면 반발합니다. 즉, 분노나 부정적 생각을 버리기 위해서는 따뜻하게 그 분노와 불만을 바라보면 됩니다. 바라보는 것만으로 기분이 저절로 풀립니다.'

- 김상운 지음 <왓칭 (WATCHING) 신이 부리는 요술> 중에서'

비움 일기 Day 3

년   월   일

마음 쉬기

– 1분 명상 + 5분 스트레칭 하기

	했어요	못했어요
아침		
저녁		

마음보기

– 불편한 상황 탐색하기

하루를 보내면서 일이나 사람 관계에서 작거나 큰 감정동요나 불편함이 있었던 상황을 찾아 누구와 어떤 상황이었는지 짧게 적습니다. 기분은 어땠는지 당시 느꼈던 기분의 이름을 붙이고, 내가 원했던 결과나 반응은 무엇이었는지 살핍니다.

• 누구와 어떤 일이 있었나요?

_____

_____

• 상황 / 기분 / 원했던 반응을 생각하면서 아래 문장을 만드세요.

☐ 하기를 바랐는데 상황이 (상대가) ☐ 하여 내 마음 (감정)이 ☐ 했다.

_____

_____

- 내 마음 이해하기

_____ 가(이) 나에게는 중요한 일인 것 같다.

오늘도 땡큐

- 하루 중 고마운 일 나누기

'고마워요.'

행복이 Pick 비움 팁 - 내 판단 알아채기

'내가 진짜 화난 이유는 내가 내린 판단 때문에 그렇습니다. 내가 속상한 이유
는 일어난 사건 자체가 아니라 그에 대한 나의 생각과 판단, 해석 때문입니다.
해결 방법은 내가 누군가에게 화가 났을 때 그 안을 잘 들여다보고 자신의 모
습이 그 안에 있음을 알아채 상대는 나를 비추는 거울이라는 사실을 받아들이
는 것입니다. 즉 상대를 통해 자신을 보아야 한다는 것입니다. 상대에 대해 판
단하는 그 내용이 바로 자기 자신의 것임을 알아채야 합니다.'

- 권도갑 지음 <당신은 나의 거울입니다.> 중에서

비움 일기 Day 4

년   월   일

마음 쉬기

– 1분 명상 + 5분 스트레칭 하기

	했어요	못했어요
아침		
저녁		

마음보기

– 불편한 상황 탐색하기

하루를 보내면서 일이나 사람 관계에서 작거나 큰 감정동요나 불편함이 있었던 상황을 찾아 누구와 어떤 상황이었는지 짧게 적습니다. 기분은 어땠는지 당시 느꼈던 기분의 이름을 붙이고, 내가 원했던 결과나 반응은 무엇이었는지 살핍니다.

• 누구와 어떤 일이 있었나요?

_____

_____

• 상황 / 기분 / 원했던 반응을 생각하면서 아래 문장을 만드세요.

☐하기를 바랬는데 상황이 (상대가) ☐하여 내 마음 (감정)이☐했다.

_____

_____

— 내 마음 이해하기

_____ 가(이) 나에게는 중요한 일인 것 같다.

오늘도 땡큐

— 하루 중 고마운 일 나누기

'고마워요.'

_____

행복이 Pick 비움 팁 - 받아들이기

'늪에 빠지면 많은 사람이 어떻게 할까요? 몸에 힘을 주고 허우적거리며 빠져 나오려고 안간힘을 씁니다. 하지만, 그럴수록 몸은 더욱 늪 속으로 더 깊이 빨려들어 갑니다. 이때에는 벗어나려고 몸부림치지 않는 것이 중요합니다. 허우적거리는 행동을 멈추고, 늪을 끌어안듯이 엎드려 가능한 한 수평으로 몸을 늪에 밀착시키고 천천히 기어서 나와야 합니다. 자신이 문제 속에 빠져 있다고 생각하는 순간 해결하는 방법도 또한 이러합니다. 문제를 해결하려는 노력을 멈추고, 먼저 문제를 그대로 받아들이는 일을 해야 하는 것 입니다.'

-타라브랙 지음 <받아들임>중에서

비움 일기 Day 5

마음 쉬기

– 1분 명상 + 5분 스트레칭 하기

	했어요	못했어요
아침		
저녁		

마음보기

– 불편한 상황 탐색하기

하루를 보내면서 일이나 사람 관계에서 작거나 큰 감정동요나 불편함이 있었던 상황을 찾아 누구와 어떤 상황이었는지 짧게 적습니다. 기분은 어땠는지 당시 느꼈던 기분의 이름을 붙이고, 내가 원했던 결과나 반응은 무엇이었는지 살핍니다.

• 누구와 어떤 일이 있었나요?

_____

_____

• 상황 / 기분 / 원했던 반응을 생각하면서 아래 문장을 만드세요.

☐ 하기를 바랐는데 상황이 (상대가) ☐ 하여 내 마음 (감정)이 ☐ 했다.

_____

_____

– 내 마음 이해하기

_____ 가(이) 나에게는 중요한 일인 것 같다.

오늘도 땡큐

– 하루 중 고마운 일 나누기

'고마워요.'

_____

행복이 Pick 비움 팁 - 완벽주의 놓기

'자기 계발과 다르게 완벽주의란 남한테 인정받으려 애쓰는 것입니다. 건전한 노력은 자신에게 초점을 맞추는 반면, 완벽주의는 '사람들이 어떻게 생각할까'에 초점을 맞춥니다. 세상에 완벽이란 존재하지 않기 때문에 이것은 달성 불가능한 목표입니다. 여기서 해방되기 위해서는 남들이 뭐라고 생각하는지 신경 쓰지 말고, 스스로 괜찮은 사람이라고 생각해야 합니다. 내가 누구인지, 소중히 여기는 것은 무엇인지 찾아내고, 불완전해 보이는 나를 그대로 인정하는 것입니다. 그러기 위해서는 자신에게 여유를 허용하고, 자신의 불완전성을 아름답게 여길 줄 알고, 자기 자신에게 더 친절하고 따뜻해져야 합니다. 자신이 아끼는 사람들에게 얘기할 때와 똑같은 방법으로 나 자신에게 말을 걸어야 합니다.'

– 브레네 브라운 지음 〈마음 가면〉 중에서

마음 여행자 휴게소

　폭풍우 없는 인생은 없습니다. 중요한 것은 폭풍우를 만나지 않는 법을 배우는 게 아니라 그것을 만난 후 다시 제자리로 돌아오게 하는 법을 터득하는 것이랍니다. 파도를 멈출 수는 없지만 파도타기를 배울 수는 있으니까요. 린다 그레이엄이라는 심리치료사가 <내가 나를 어떻게 도울 수 있을까>라는 책에서 한 말이랍니다. 지금 당신의 마음은 어떤가요? 파도타기를 배울 준비 되셨나요? 당신에게 파도타기를 배울 힘을 줄 다음 만남 여행~ 기대를 안고 출발하셔도 된답니다.

행복이의 **마음보기** 여행 스케치

그동안 매일 나를 불편하게 하는 상황들을 바라보니, 변화되어가는 것은 밖의 상황이 아닌 내 마음임을 발견하게 됩니다. 불편하던 마음에서 조금씩 자유로워짐을 느낍니다.

나의 **마음보기** 여행 스케치

마음 여행 코스 3

만남 여행

응원하기

'비움' 여행이 복잡한 일정과 불편한 마음을 살피고 이해하는 시간이었다면 '만남'은 밝고 따뜻하고 든든한 힘이 되는 에너지를 만나고 발견하는 여행입니다. 실망하고 용기를 잃었을 때, 걱정과 근심으로 답답할 때, 희망이 사라진 것 같을 때, 밤바다를 지키는 노란 등대 불빛처럼 '넌 정말 괜찮은 사람'이라는 믿음과 희망의 메시지를 주었던 친구, 가족, 동료, 선후배, 선생님을 떠올린다면 어떤 마음일까요. 만남은 이런 사람과 나 사이의 든든한 연결의 끈을 다시 잇는 시간입니다. 누군가에게서 듣고 싶었던 당신을 향한 응원의 소리, 희망의 소리를 만남 여행에서 만나세요.

여행 11. 생일 초대장

　한 달 후면 내 생일입니다. 이번 생일은 감사한 마음을 전하는 특별 파티를 계획합니다. 장소, 식사와 음료, 음악, 영상도 준비하고 초대할 사람의 명단을 고르고 있습니다. 당신이 힘들었던 시기, 혹은 응원이 필요했던 시기, 믿음과 응원의 눈빛을 보낸 사람, 따뜻한 위로나 격려의 말로 용기를 준 사람, 기댈 수 있는 든든한 어깨, 도움의 손길을 내민 사람, 함께 고민하며 방법을 찾았던 사람, 이 사람들 모두가 이번 파티의 주인공입니다. 다음의 초대장에 생각나는 사람들의 이름을 먼저 쓰고, 그 사람들의 얼굴을 떠올리면서 초대장을 작성하세요.

초대장

sample

_____ 님,

오랜만에 인사드려요. 그동안 잘 지내셨나요?
한 달 뒤 제 생일입니다. 꼭 한번 뵙고 마음을 표현하고 싶었어요.
당신이 제게 주신 _____ 을(를) 늘 기억하고 있습니다.
이번 생일에 함께 해주세요.

초대장

_____ 님,

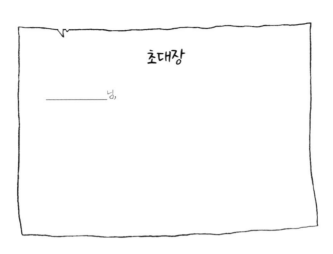

초대장

_____ 님,

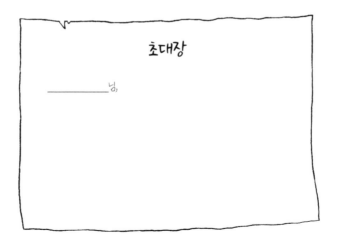

초대장

_____ 님,

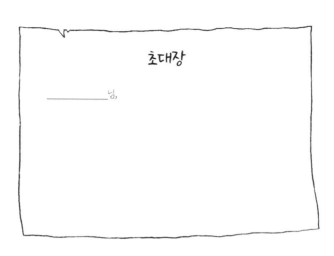

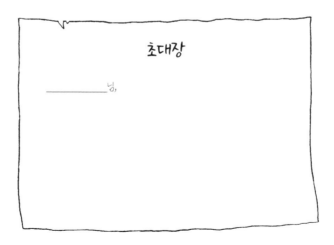

여행 12. **특별한 선물**

초대장을 받은 사람들에게서 답 메일과 함께 생일축하 문자가 도착하였습니다. 당신에 대한 마음이 잘 느껴지는 내용입니다. 눈을 감고 보낸 사람의 얼굴이나 표정, 목소리나 말투를 떠올리세요. 그리고 어떤 내용의 메시지가 담겨 있을지 상상하여 아래에 적습니다.

_____

_____

_____

_____

_____

_____

나의 이름으로 시작하는 응원 삼행시입니다.

—————— , ——————————————————————————————

—————— , ——————————————————————————————

—————— , ——————————————————————————————

내가 가장 사랑하는 사람 이름으로 시작하는 응원 삼행시입니다.

—————— , ——————————————————————————————

—————— , ——————————————————————————————

—————— , ——————————————————————————————

여행 13. 괜찮은 나

드디어 생일날이 되었습니다. 초대한 사람들이 모임 장소로 들어오고 있습니다. 음악이 흘러나오고, 초대된 한 사람, 한 사람과 함께 했던 추억의 영상물도 방영되고 있습니다. 오랜만에 서로 인사도 하고 담소도 나누는 시간입니다. 다른 한쪽에서는 참여한 사람의 특징을 적는 '장점 찾기' 게임이 진행되고 있습니다. 내 이름 옆에는 어떤 장점이 적혀 있을지 상상하면서 아래 단어 목록에서 네 가지를 골라 '나의 장점표 1'에 이름과 함께 적습니다.

탐구적인	모험적인	끈기있는	창의적인	자신있는	열정적인	따뜻한
마음열린	생각깊은	용감한	독창적인	정의로운	꿈꾸는	배려하는
계획적인	책임지는	지혜로운	예술적인	사교적인	재미있는	인내하는
이해하는	경청하는	지식많은	세련된	적극적인	명랑한	공감하는
강인한	순수한	다재다능	침착한	친밀한	겸손한	집중하는
규칙을 지키는	아이디어 많은	배움을 즐기는	호기심 많은	우정을 나누는	에너지 넘치는	설득력 있는
일관된	체력좋은	사려깊은	마음넓은	사이좋은	가정적인	표현하는
성실한	정직한	보살피는	모범적인	공평한	감사하는	솔직한
세심한	예의바른	매력적인	앞장서는	참신한	도덕적인	긍정적인
사랑하는	예리한	도움주는	직관적인	자주적인	신중한	친절한
자긍심 높은	융통성 있는	리더십 있는	협동심 있는	소통하는	너그러운	감동하는

나의 장점표 1

내 이름: _____

내가 바라는 세 가지의 장점을 더 고른 후 '나의 장점표 2' 아래쪽
빈칸에 적습니다. 나는 어떤 사람인가요?

나의 장점표 2

나는

내 이름: _____

사람입니다.

여행 14. 너와 나의 꿈 ⭐

파티가 끝나고 초대받은 사람들은 모두 떠났습니다. 정말 편하고 친한 친구들만 남아 있습니다. 눈빛만 봐도 통하는 사이라 오랜만에 마음에 담은 이야기를 하더라도 불편하지 않게 나눌 수 있습니다.

• 함께 하고 싶은 사람의 이름을 써보세요.

_____

• 그 친구 중 한 명이 다음과 같은 질문을 한다면 어떤 답을 할 수 있을지 상상하여 적어보세요.

– 나는 한 주 동안 일할 때는 열심히 하지만 주말에는 가족이나 친구들과 여행을 하는 것이 가장 즐거운 시간 같아. 너는? (아래 빈칸에 생각나는 대로 써 보세요.)

_____

– 나에게 지금 가장 중요한 세 가지를 꼽으라면 가족, 일, 건강인데, 너에게 지금 가장 중요한 세 가지는? (아래 빈칸을 채워 보세요.)

1. _____

2. _____

3. _____

– 10년 후 너는 무슨 일을 하면서 어떻게 살고 싶니?

_____

• 만일 5년 계획을 세운다면 어떤 것이 필요할지 구체적인 실행 계획을 정리하여 써보세요.

_____

_____

• 만일 1년 계획을 세운다면, 어떤 것이 필요할지 구체적인 실행 계획을 생각하여 써보세요.

_____

_____

• 만일 한 달 계획을 세운다면, 어떤 것이 필요할지 구체적인 실행 계획을 생각하여 써보세요.

_____

_____

• 그리고 10년 후의 꿈을 실현하기 위하여 지금, 현재 나의 모습에서 변화해야 할 부분이 있는지 생각합니다.

_____

_____

만남

여행자용 다이제스트

내 마음 성장 다이어리

불편한 마음도 기쁜 마음도 모두 나의 일부입니다. 어떤 상황에서 흔들리고 약해지는 '나'도 있지만 한편 정말 훌륭하고 괜찮은 '나'도 있습니다. '응원하기' 다이어리 5일 동안은 '마음보기' 연습을 계속하면서 만남에서 배운 '응원하기'로 긍정의 에너지를 충전하는 시간입니다. 낯설고 쑥스럽지만 따뜻한 위로, 격려, 응원의 말로 '내가 나를 열심히 지지하는' 연습을 합니다. 내가 하는 말은 생각에 영향을 주고, 생각은 다시 감정, 행동으로 그 영향이 이어집니다. 그러므로 내가 꼭 듣고 싶은 응원의 말로 '응원하기'의 효과를 높여보세요.

만남 일기

sample

마음 쉬기

– 1분 명상 + 5분 스트레칭 하기

	했어요	못했어요
아침	○	
저녁	○	

마음보기

– 불편한 상황 탐색하기

하루를 보내면서 일이나 사람 관계에서 작거나 큰 감정동요나 불편함이 있었던 상황을 찾아 누구와 어떤 상황이었는지 짧게 적습니다. 기분은 어땠는지 당시 느꼈던 기분의 이름을 붙이고, 내가 원했던 결과나 반응은 무엇이었는지 살핍니다.

• **누구와 어떤 일이 있었나요?**

어떤 모임의 단체 SNS방에 너무 읽기 싫은 메시지와 정보를 계속 올리는

사람이 있다

• **상황 / 기분 / 원했던 반응을 생각하면서 아래 문장을 만드세요.**

[   ]하기를 바랐는데 상황이 (상대가) [   ]하여 내 마음 (감정)이 [   ]했다.

단체 SNS 방에 너무 읽기 싫은 메시지와 정보를 지속적으로 올리는 사람 때

문에 짜증이 났다. 제발 그 사람이 그런 정보 좀 안 올렸으면 좋겠다.

- 78 -

– 내 마음 이해하기

상대가 나의 의견을 살펴주는 것 가(이) 나에게는 중요한 일인 것 같다.

응원하기

– 나에게 따뜻한 말 들려주기

오늘도 보다 나은 내일을 위해 이 일기장에 도전하고 있는 나를 응원해

오늘도 땡큐

– 하루 중 고마운 일 나누기

오늘도 일하러 갈 수 있었음에   '고마워요.'

행복이 Pick 만남 팁 - 재미있게

'누구나 즐겁고 재미있게 인생을 살고 싶어 합니다. 하지만, 진짜로 인생을
즐기는 사람은 재미있는 일을 선택하는 사람이 아니라, 아무리 어려운 상황
에 처해 있어도 재미있게 해낼 것이라고 생각하는 사람입니다. 그 순간순간
이 쌓여 진짜 재미있는 삶을 만들기 때문입니다.'

- 이근후 지음 <나는 죽을 때까지 재미있게 살고 싶다> 중에서

만남 일기 Day 1

년　　　월　　　일

마음 쉬기

- 1분 명상 + 5분 스트레칭 하기

	했어요	못했어요
아침		
저녁		

마음보기

- 불편한 상황 탐색하기

하루를 보내면서 일이나 사람 관계에서 작거나 큰 감정동요나 불편함이 있었던 상황을 찾아 누구와 어떤 상황이었는지 짧게 적습니다. 기분은 어땠는지 당시 느꼈던 기분의 이름을 붙이고, 내가 원했던 결과나 반응은 무엇이었는지 살핍니다.

• 누구와 어떤 일이 있었나요?

_____

_____

• 상황 / 기분 / 원했던 반응을 생각하면서 아래 문장을 만드세요.

☐ 하기를 바랬는데 상황이 (상대가) ☐ 하여 내 마음 (감정)이 ☐ 했다.

_____

_____

– 내 마음 이해하기

_____ 가(이) 나에게는 중요한 일인 것 같다.

응원하기

– 나에게 따뜻한 말 들려주기

_____

오늘도 땡큐

– 하루 중 고마운 일 나누기

'고마워요.'

_____

행복이 Pick 만남 팁 - 조화롭게

'행복은 당신이 생각하는 것, 말하는 것, 그리고 행동하는 것이 조화를
이룰 때 찾아옵니다.'

-마하트마트 간디

만남 일기 Day 2

마음 쉬기

– 1분 명상 + 5분 스트레칭 하기

	했어요	못했어요
아침		
저녁		

마음보기

– 불편한 상황 탐색하기

하루를 보내면서 일이나 사람 관계에서 작거나 큰 감정동요나 불편함이 있었던 상황을 찾아 누구와 어떤 상황이었는지 짧게 적습니다. 기분은 어땠는지 당시 느꼈던 기분의 이름을 붙이고, 내가 원했던 결과나 반응은 무엇이었는지 살핍니다.

• 누구와 어떤 일이 있었나요?

_____

_____

• 상황 / 기분 / 원했던 반응을 생각하면서 아래 문장을 만드세요.

[　　]하기를 바랬는데 상황이 (상대가) [　　]하여 내 마음 (감정)이 [　　]했다.

_____

_____

― 내 마음 이해하기

_____가(이) 나에게는 중요한 일인 것 같다.

응원하기

― 나에게 따뜻한 말 들려주기

_____

오늘도 땡큐

― 하루 중 고마운 일 나누기

'고마워요.'

_____

행복이 Pick 만남 팁 - 자유롭게

'능히 생각할 줄 알아야 합니다. 능히 생각을 쉴 줄도 알아야 합니다. 생각을 할 수도 안 할 수도 있는 것이 마음의 자유입니다.'

― 경산 장응철 지음 <작은 창에 달빛 가득하니> 중에서

만남 일기 Day 3

마음 쉬기

– 1분 명상 + 5분 스트레칭 하기

	했어요	못했어요
아침		
저녁		

마음보기

– 불편한 상황 탐색하기

하루를 보내면서 일이나 사람 관계에서 작거나 큰 감정동요나 불편함이 있었던 상황을 찾아 누구와 어떤 상황이었는지 짧게 적습니다. 기분은 어땠는지 당시 느꼈던 기분의 이름을 붙이고, 내가 원했던 결과나 반응은 무엇이었는지 살핍니다.

• 누구와 어떤 일이 있었나요?

_____

_____

• 상황 / 기분 / 원했던 반응을 생각하면서 아래 문장을 만드세요.

☐하기를 바랬는데 상황이 (상대가) ☐하여 내 마음 (감정)이 ☐했다.

_____

_____

― 내 마음 이해하기

_____ 가(이) 나에게는 중요한 일인 것 같다.

응원하기

― 나에게 따뜻한 말 들려주기

_____

오늘도 땡큐

― 하루 중 고마운 일 나누기

'고마워요.'

행복이 Pick 만남 팁 - 용기 있게

'나를 싫어하는 사람에게는 미움 받으면서, 나를 사랑하는 사람에게
는 사랑받으면서 자유롭게 살면 됩니다. 인생에 정해진 의미 같은 것
은 없으며, 인생의 의미란 내가 나 자신에게 주는 것입니다. 세계란 다
른 누군가가 바꿔주는 것이 아니라, 오로지 '나'의 힘으로만 바뀔 수 있
는 것입니다.'

― 아들러 원저 / 기시미 이치로 외 지음 <미움 받을 용기> 중에서

만남 일기 Day 4

년   월   일

마음 쉬기

– 1분 명상 + 5분 스트레칭 하기

	했어요	못했어요
아침		
저녁		

마음보기

– 불편한 상황 탐색하기

하루를 보내면서 일이나 사람 관계에서 작거나 큰 감정동요나 불편함이 있었던 상황을 찾아 누구와 어떤 상황이었는지 짧게 적습니다. 기분은 어땠는지 당시 느꼈던 기분의 이름을 붙이고, 내가 원했던 결과나 반응은 무엇이었는지 살핍니다.

• 누구와 어떤 일이 있었나요?

_____

_____

• 상황 / 기분 / 원했던 반응을 생각하면서 아래 문장을 만드세요.

[ ] 하기를 바랬는데 상황이 (상대가) [ ] 하여 내 마음 (감정)이 [ ] 했다.

_____

_____

— 내 마음 이해하기

_____가(이) 나에게는 중요한 일인 것 같다.

응원하기

— 나에게 따뜻한 말 들려주기

_____

오늘도 땡큐

— 하루 중 고마운 일 나누기

_____ '고마워요.'

행복이 Pick 만남 팁 - 지금 여기에서

'진정한 행복은 먼 훗날 달성해야 할 목표가 아니라 지금 이 순간 존재하는 자체이며, 행복을 찾아 과거나 미래로 달려가기 바쁘기에 불행해집니다. 행복은 미래의 목표가 아니라 오히려 현재의 선택입니다.'

— 프랑수아 를로르 지음 <꾸뻬 씨의 행복 여행> 중에서

만남 일기 Day 5

년   월   일

마음 쉬기

– 1분 명상 + 5분 스트레칭 하기

	했어요	못했어요
아침		
저녁		

마음보기

– 불편한 상황 탐색하기

하루를 보내면서 일이나 사람 관계에서 작거나 큰 감정동요나 불편함이 있었던 상황을 찾아 누구와 어떤 상황이었는지 짧게 적습니다. 기분은 어땠는지 당시 느꼈던 기분의 이름을 붙이고, 내가 원했던 결과나 반응은 무엇이었는지 살핍니다.

• 누구와 어떤 일이 있었나요?

_____

_____

• 상황 / 기분 / 원했던 반응을 생각하면서 아래 문장을 만드세요.

☐하기를 바랐는데 상황이 (상대가) ☐하여 내 마음 (감정)이 ☐했다.

_____

_____

– 내 마음 이해하기

_____ 가(이) 나에게는 중요한 일인 것 같다.

응원하기

– 나에게 따뜻한 말 들려주기

_____

오늘도 땡큐

– 하루 중 고마운 일 나누기

'고마워요.'

_____

행복이 Pick 만남 팁 – 감사하기

'참삶은 복잡하고 어려운 게 아닙니다. 매일 아침 신선한 공기를 호흡할 수 있음에 감사하는 것, 건강을 유지하는 것, 서로 배려하고 아끼는 마음을 잃지 않는 것, 자연을 존중하며 그와 함께 살아가는 것, 그러한 것들이 참삶을 이룹니다.'

– 무사 앗사리드 지음 <사막별 여행자> 중에서

마음 여행자 휴게소

   당신은 마음가짐이 실제 삶을 바꿀 수 있다고 생각하시나요?
하버드대 엘렌랭어 심리학과 교수는 이 질문에 대해 실험을 합니
다. 1979년 실시한 '시계 거꾸로 돌리기'란 실험인데요. 75~80세
노인을 대상으로 외딴 시골 마을에 그들의 50대 때 상황을 재현
해 놓고, 자신이 50대라고 생각하고 1년 동안 살게 한 것입니다. 그
리고, 1년 후 놀라운 결과를 받게 됩니다. 바로 그 실험 대상들의
육체가 진짜로 젊어진 것입니다. 마음가짐이 실제 삶을 바꿀 수 있
다는 사실을 과학적으로 입증한 것이죠. 그 이후에도 마음이 육체
를 얼마만큼 변화시킬 수 있는지 계속 실험했는데, 그때마다 마음
가짐에 따라 건강과 행복, 능력이 향상된다는 사실들을 입증해 냈
습니다. 엘렌랭어 교수는 이것을 '마음 챙김(Mindfulness)'이라
말했는데, 이것은 사물을 새로운 시각으로 보고 변화의 가능성을
믿도록 이끌어 준다고 합니다. 마음을 챙기면 거의 모든 것이 변화
가능하다는 것이죠.

행복이의 **만남** 여행 스케치

만남 여행을 마친 어젯밤, 아주 기분 좋은 꿈을 꾸었습니다. 잠에서 깨어 시작하는 하루가 너무나 기운차네요. 이 느낌, 나를 응원했던 '만남 여행'과 너무나 닮아 있어요. 나에게 주는 나의 응원은 마치 행복한 꿈을 꾼 후 만나는 설레는 아침처럼 용기와 희망과 감사를 안겨주네요 ♥

나의 **만남** 여행 스케치

마음 여행 코스 4

새로움 여행

변화의 시작

이제 '새로움' 여행지에 도착하였습니다.

내가 주인공인 작품에서 새로운 페이지의 이야기를 쓴다면 어떤 내용의 이야기를 하고 싶은가요? 마음 여행의 네 번째 코스 '새로움'은 비움, 만남의 여행으로 불편하고 힘들었던 기억, 그리고 좋았던 기억을 만난 후 새로운 변화를 준비하는 시간입니다. 새로움의 첫 번째 여행지는 매일 발생하는 크고 작은 갈등과 연결된 나의 불편감이라는 주제를 해결하는 과정입니다. 두 번째는 미래의 꿈을 탐색하면서 그 꿈의 의미와 현실적인 실현 방법을 찾아보는 여행입니다. 일상의 불편감과 갈등, 그리고 나의 꿈이라는 마음 여행 주제에는 그 사람이 지닌 욕구, 기대, 생각, 가치, 감정 등의 마음이 잘 드러납니다. 그러므로 이 두 가지의 주제를 해결하는 방법을 스스로 연구하고 선택한 후 도전하고 실행하는 것은 변화를 위하여 꼭 필요한 과정일 것입니다. 모든 큰 것은 작은 하나로부터 시작하므로 작은 변화 하나를 새로움 여행에서 시작하여 보세요.

여행 15. 해결을 위한 여행

비움 여행은 일상생활의 불편한 감정이 일어난 상황을 반복하여 돌아보면서 일상의 불편감과 연결된 과거의 힘든 나의 감정을 이해하는 시간이었다면 새로움은 불편감과 연결된 갈등이나 문제를 해결하기 위한 여행입니다. 우리의 일상은 늘 다양한 갈등과 문제가 일어나며, 이러한 갈등과 문제가 비교적 쉽게 해결되는 경우도 있지만 각자의 입장이 개입되면서 점점 복잡한 상황이 되기도 합니다. 해결이 잘 되지 않는 경우는 대부분 서로의 강한 입장, 즉 각자의 생각과 감정이 충돌한 결과입니다. 새로움에서는 이런 경우 각자가 느끼는 불편감(스트레스 상황)을 보면서 자신의 해결책을 찾는 연습입니다.

새로움 일기_해결 실행과제 정하기

마음 보기

sample

불편한 상황 탐색하기

지난 한 주 또는 최근 하루를 보내면서 일이나 사람 관계에서 작거나 큰 감정동요나 불편함이 있었던 상황을 찾아 누구와 어떤 상황이었는지 짧게 적습니다. 기분은 어땠는지 당시 느꼈던 기분의 이름을 붙이고, 내가 원했던 결과나 반응은 무엇이었는지 살핍니다.

-누구와 어떤 일이 있었나요?

1) 친구가 다른 사람의 험담을 하는 데 나도 함께 끼어들었는데 그 사람이 지나갔다.

-상황/기분/원했던 반응을 생각하면서 아래 문장을 만드세요.

[   ] 하기를 바랬는데 상황이(상대가) [   ] 하여 내 마음 (감정)이 [   ] 했다.

맞는 말 같아서 남 흉보는 얘기에 끼어들었지만, 당사자가 그 말을 들었다고 생각하니 미안하고 그가 나에게 화를 내거나 도리어 내 흉을 볼까봐 걱정이 되었다.

이해하기

1) 남이 나를 어떻게 생각하는지 가(이) 나에게는 중요한 일인 것 같다.

방법 발견하기

위의 상황을 해결할 수 있는 여러 방법을 생각하여 기록하기

1) 상대의 입장에서 생각해 보기

2) 창피하거나 걱정 될 일에 끼어들지 않기

3) 남이 하는 말들에 너무 신경 쓰지 말기

실행과제 정하기

위의 방법 중에서 실행 가능한 구체적인 행동과제를 하나 선택하기

창피하거나 걱정될 일에 끼어들지 않기

새로움_해결 실행과제 정하기

마음 쉬기

- 1분 명상 + 5분 스트레칭 하기

	했어요	못했어요
아침		
저녁		

마음보기

- 불편한 상황 탐색하기

지난 한 주 또는 최근 하루를 보내면서 일이나 사람 관계에서 작거나 큰 감정 동요나 불편함이 있었던 상황을 찾아 누구와 어떤 상황이었는지 짧게 적습니다. 기분은 어땠는지 당시 느꼈던 기분의 이름을 붙이고, 내가 원했던 결과나 반응은 무엇이었는지 살핍니다.

• 누구와 어떤 일이 있었나요?

_____

_____

• 상황 / 기분 / 원했던 반응을 생각하면서 아래 문장을 만드세요.

[   ]하기를 바랐는데 상황이 (상대가) [   ]하여 내 마음 (감정)이 [   ]했다.

_____

_____

– 내 마음 이해하기

_____ 가(이) 나에게는 중요한 일인 것 같다.

방법 발견하기

– 위의 상황을 해결할 수 있는 여러 방법을 생각하여 기록하기

_____

_____

_____

실행과제 정하기

– 위의 방법 중에서 실행 가능한 구체적인 행동과제를 하나 선택하기

_____

오늘도 땡큐

– 하루 중 고마운 일 나누기

'고마워요.'

_____

여행 16. 꿈을 위한 여행

만남 여행에서 대답했던 10년 후 꿈은 무엇이었나요? 과거의 힘든 감정에 대한 기억이 당시의 내 욕구, 바람, 생각, 가치를 담고 있는 자료라면 미래에 대한 꿈은 지금 현재의 내 욕구, 바람, 생각, 가치가 잘 담긴 자료입니다. 꿈을 위한 여행은 이러한 꿈을 현실화하고 구체화하여 탐색하면서 먼 미래의 막연하게 희망하던 꿈 목록을 지금 실현할 수 있는 목록으로 검토하는 작업입니다. 그리고 지금 현재 가능한 순서대로 현실적인 목표를 세우고 하나씩 진행하는 시간입니다. 오늘은 행복한 꿈을 이루기 위하여 가장 좋은 때입니다.

새로움 일기_꿈 실행과제 정하기

꿈 보기

sample

10년 후 당신의 꿈이나 소망을 세 가지를 기록하기

1) 세계 여행
2) 경제적 안정
3) 봉사활동 하는 사람

이해하기

위의 꿈이나 소망이 왜 중요한지 생각하여 기록하기

1) 자유롭게 세계를 경험하면서 세상을 배우며 살고 싶다는 생각
가(이) 나에게는 중요하기 때문이다.
2) 하고 싶은 일을 하기 위해서는 경제적 뒷받침이 있어야 한다는 생각
가(이) 나에게는 중요하기 때문이다.
3) 세상에 도움이 되어 이 세상에 필요한 사람으로 살고 싶다는 생각
가(이) 나에게는 중요하기 때문이다.

방법 발견하기

위의 꿈이나 소망을 위한 현재 가능한 활동계획을 세우기

1) 영어 공부 하루 30분 !
2) 절약해서 적금 들기
3) 봉사 클럽이나 종교 단체에 가입하기

꿈 실행과제 정하기

위의 행동계획 중에서 시도할 꿈 실행과제 하나 선택하기

하루 30분 영어공부

새로움_꿈 실행과제 정하기

년   월   일

마음 쉬기

- 1분 명상 + 5분 스트레칭 하기

	했어요	못했어요
아침		
저녁		

꿈 보기

- 10년 후 당신의 꿈이나 소망을 세 가지를 기록하기

1) _____

2) _____

3) _____

이해하기

- 위의 꿈이나 소망이 왜 중요한지 생각하여 기록하기

1) _____
가(이) 나에게는 중요하기 때문이다.

2) _____
가(이) 나에게는 중요하기 때문이다.

3) _____
가(이) 나에게는 중요하기 때문이다.

방법 발견하기

– 위의 꿈이나 소망을 위한 현재 가능한 활동계획 세우기

1) _____

2) _____

3) _____

실행과제 정하기

– 위의 행동계획 중에서 시도할 꿈 과제 하나 선택하기

_____

_____

오늘도 땡큐

– 하루 중 고마운 일 나누기

_____ '고마워요.'

새로움

여행자용 다이제스트

내 과제 실행 다이어리

‘해결’과 ‘꿈’을 위한 여행은 실제 상황에서 실천할 행동을 목표로 정하는 연습이었습니다. ‘과제 실행하기’의 과제 대부분은 불편하거나 귀찮은 마음에 시도하기 어려웠던 내용일 수 있습니다. 그러므로 실행과제의 목록이 정해지면 매일 실행을 점검하는 과정이 꼭 필요합니다. 또한 과제는 구체적인 목표로 표현될수록 실행과 점검이 쉽다는 점도 기억하세요. 지금부터 5일 동안은 매일 저녁 시간, 변화가 필요하다고 선택한 행동과제의 실행 여부를 점검하는 다이어리를 진행하겠습니다.

새로움 일기 Day 1

년   월   일

마음 쉬기

- 1분 명상 + 5분 스트레칭 하기

	했어요	못했어요
아침		
저녁		

과제 실행하기

- 이 주의 과제를 적고 오늘 하루 잘 실행했는지 확인하기

(실행한 번수를 적으세요)

1) 문제 해결을 위한 실행과제 _____

했어요	
못했어요	
상황이 발생하지 않았어요	

2) 꿈을 위한 실행과제 _____

했어요	
못했어요	

응원하기

– 나에게 따뜻한 말 들려주기

오늘도 땡큐

– 하루 중 고마운 일 나누기

'고마워요.'

마음이의 새로움 팁 - 이제 그만

부정적이고 비관적인 생각이 들면 그때마다 '이제, 그만!'이라고 크게
외치고 생각을 멈춥니다. 좋지 않은 생각은 꼬리에 꼬리를 물고 점점 더
커져서 우리의 감정을 삼켜버릴 수 있습니다.

새로움 일기 Day 2

년   월   일

마음 쉬기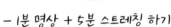

- 1분 명상 + 5분 스트레칭 하기

	했어요	못했어요
아침		
저녁		

과제 실행하기

- 이 주의 과제를 적고 오늘 하루 잘 실행했는지 확인하기
(실행한 번수를 적으세요)

1) 문제 해결을 위한 실행과제 _____

했어요	
못했어요	
상황이 발생하지 않았어요	

2) 꿈을 위한 실행과제 _____

했어요	
못했어요	

응원하기

― 나에게 따뜻한 말 들려주기

_____

오늘도 땡큐

― 하루 중 고마운 일 나누기

_____

_____ '고마워요.'

마음이의 새로움 팁 - 그럴 만해

슬프고 불안하고 화나는 감정이 생길 때면 '속상했겠다. 그럴 만하네.'
라고 자신을 위로하고 이해하세요. 다른 누군가 내 마음을 알아주는 것
만으로도 기분이 풀리는 것처럼 내가 나를 챙기고 위로하면 무언가를
할 수 있는 용기가 생깁니다.

새로움 일기 Day 3

년   월   일

마음 쉬기

- 1분 명상 + 5분 스트레칭 하기

	했어요	못했어요
아침		
저녁		

과제 실행하기

- 이 주의 과제를 적고 오늘 하루 잘 실행했는지 확인하기

(실행한 번수를 적으세요)

1) 문제 해결을 위한 실행과제 _____

했어요	
못했어요	
상황이 발생하지 않았어요	

2) 꿈을 위한 실행과제 _____

했어요	
못했어요	

응원하기

– 나에게 따뜻한 말 들려주기

_____

오늘도 땡큐

– 하루 중 고마운 일 나누기

_____

_____ '고마워요.'

마음이의 새로움 팁 – 의논하기

행동하기 전에 결과가 어떨지 점검하거나 누군가와 의논합니다. 한번 한 행동을 없던 상태로 돌리기는 정말 힘들기 때문이에요. 하나보다는 둘, 둘보다는 셋의 의견이 모일 때 실수를 줄이고 더 나은 결과를 가져올 수 있어요.

새로움 일기 Day 4

마음 쉬기

- 1분 명상 + 5분 스트레칭 하기

	했어요	못했어요
아침		
저녁		

과제 실행하기

- 이 주의 과제를 적고 오늘 하루 잘 실행했는지 확인하기

(실행한 번수를 적으세요)

1) 문제 해결을 위한 실행과제 _____

했어요	
못했어요	
상황이 발생하지 않았어요	

2) 꿈을 위한 실행과제 _____

했어요	
못했어요	

응원하기

― 나에게 따뜻한 말 들려주기

_____

오늘도 땡큐

― 하루 중 고마운 일 나누기

_____ '고마워요.'

마음이의 새로움 팁 - 너도 나도 윈윈

많은 부분 갈등은 나와 상대의 입장과 시각이 너무 달라서 일어납니다. 누가 옳고 그른지 따져서 해결되지 않아요. 누구 한 사람의 '승'으로만 끝날 수도 없습니다. '너도 나도 윈윈'하는 가장 불편한 방법이 가장 현명한 방법일 수 있습니다.

새로움 일기 Day 5

년   월   일

마음 쉬기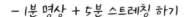

– 1분 명상 + 5분 스트레칭 하기

	했어요	못했어요
아침		
저녁		

과제 실행하기

– 이 주의 과제를 적고 오늘 하루 잘 실행했는지 확인하기

(실행한 번수를 적으세요)

1) 문제 해결을 위한 실행과제 _____

했어요	
못했어요	
상황이 발생하지 않았어요	

2) 꿈을 위한 실행과제 _____

했어요	
못했어요	

응원하기

− 나에게 따뜻한 말 들려주기

오늘도 땡큐

− 하루 중 고마운 일 나누기

'고마워요.'
_____

마음이의 새로움 팁 - 기록하기

하루를 마치면 그날의 감사한 점, 아쉬운 점을 기록합니다. 지나간 역사를 알아야 새로운 역사를 쓸 수 있듯이 우리의 오늘을 통해 더 나은 내일을 준비하게 될 것입니다.

마음 여행자 휴게소

마음 여행을 마친 당신을 위해
행복이가 선물을 준비했습니다.

동화 〈아기 고래의 눈물〉

박심성 글 / 문소정 그림

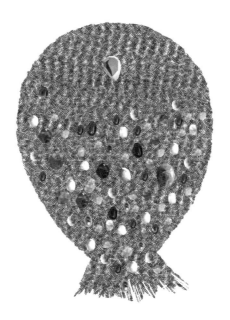

"아기 고래의 기쁨이 되고 싶어."
엄마 잃은 아기 고래의 눈물이 말합니다.
하지만, 언제나 슬픈 눈물은 그렇게 하지
못합니다.

슬픈 아기 고래의 눈물은
해님께 소원을 이야기하러 나왔습니다.
해님을 만난 아기고래의 눈물이
반짝이며 빛났습니다.

"아, 아름다워."
빛나는 눈물을 본 검은 바람의 마음에
예쁜 꽃이 피어납니다.

검은 바람은 무엇도 바라지 않는 햇살에
마음을 싣고, 아름답게 반짝이는
아기고래의 눈물을 안았습니다.
햇살이 온 세상에 환하게 퍼졌습니다

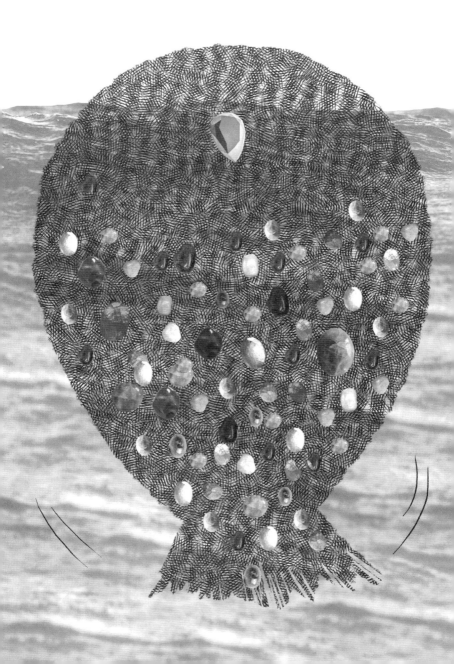

그 때였어요.

"나도요"

"나도 안아 주세요."

다른 물고기의 작은 눈물들이 모여듭니다.

물고기의 작은 눈물들이 검은 바람의 품 안에

가득 모여듭니다

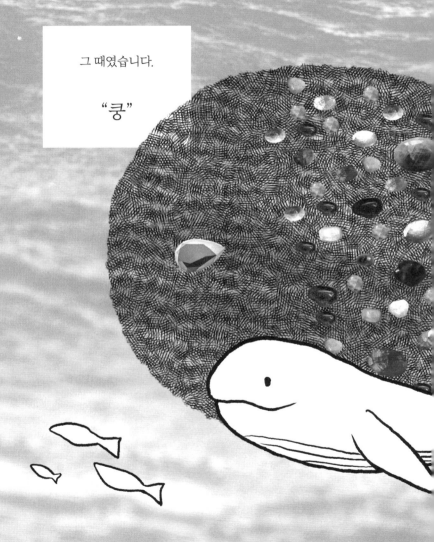

그 때였습니다.

"쿵"

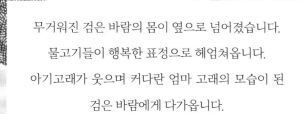

무거워진 검은 바람의 몸이 옆으로 넘어졌습니다.
물고기들이 행복한 표정으로 헤엄쳐옵니다.
아기고래가 웃으며 커다란 엄마 고래의 모습이 된
검은 바람에게 다가옵니다.

"엄마!"

아기고래의 눈물이
아기고래의 기쁨이 되었습니다.

행복이의 자유 여행 준비 팁
- 나누는 마음

위 동화에서 슬픔에 빠진 아기고래를 위하여 기쁨이 되고자 하던 아기고래의 눈물은 자신도 안아달라는 다른 많은 물고기들에게 나눔을 실천합니다. 그리고 그 나눔으로 아기고래의 기쁨이 될 수 있었습니다. 타인을 위한 나눔과 배려는 나를 위하는 또 다른 방법입니다. 내가 나눈 작은 나눔을 떠올려 마음에 간직하세요.

자유 여행 티켓 구매

당신은 어떤 사람이 되고 싶나요?

당신은 그 어떤 사람이 되기 위해
무엇을 하고 있나요?

마음 여행 코스 5

자유 여행

실행하기 (4주)

쉼, 비움, 만남, 새로움의 마음 여행을 마치고 드디어 자유 여행 코스에 도착하였습니다. 지금부터는 앞에서 연습한 마음 여행의 기술을 스스로 활용하고 점검하는 자유 여행을 시작합니다. 연습한 쉼, 비움, 만남, 새로움의 기술은 필요할 때마다 적절하게 사용하세요. 자유 여행 코스는 한 주를 시작하기 전 매주 해결 및 꿈 실행 과제를 정하고 나머지 6일간은 선택한 과제를 실천하는 일기로 구성되어 있습니다. 6일간의 과제를 실천한 후에는 한 주의 실행 정도 평가에 따라 같은 과제를 계속하여 이어가거나 새로 도전할 실행과제를 선정하여 진행할 수도 있습니다. 여행의 횟수가 진행될수록 마음을 보고, 상황을 처리하고, 필요한 행동을 실행하는 기술과 노하우가 늘고 과제의 목록도 다양해질 수 있습니다. 다만 처음에는 꼭 할 수 있는 쉬운 과제로 시작하세요. 중요한 것은 매일 매일 빠지지 않고 일기로 하루를 점검하는 루틴을 잘 지키는 일입니다. 이제 한 달간 마음 여행의 주인공은 바로 당신입니다.

자유 여행 평가와 준비의 날

해결을 위한 실행과제 평가하기

★ 새로움에서 사용한 실행과제의 일주일 동안 실행 정도 평가하기 (　　%)
★ 실행하면서 배운 점, 힘들었던 점 평가하기

배운 점	힘든 점

★ 힘들었던 점을 해결할 방법 생각하기

꿈을 위한 실행과제 평가하기

★ 새로움에서 사용한 실행과제의 일주일 동안 실행 정도 평가하기 (　　%)
★ 실행하면서 배운 점, 힘들었던 점 평가하기

배운 점	힘든 점

★ 힘들었던 점을 해결할 방법 생각하기

새 과제 발견하기

★ 상황 돌아보기

일주일 동안 일이나 사람 관계에서 작거나 큰 감정동요나 불편함이 있었던 상황
이 있었다면 누구와 어떤 상황이었는지 짧게 적습니다. 기분, 생각, 원했던 기대
나 결과는 무엇이었는지도 살핍니다.

상황: _____

★ 마음 정리하기 (당시 생각, 상황, 기분 등)

_____ 하기를 바랐는데

_____ 하여 기분(마음)이 _____ 하였다.

★ 마음 이해하기

_____ 것이 나에게 중요한 것 같다.

★ 방법 발견하기

상황을 해결하기 위한 여러 방법을 생각하여 기록합니다.

_____

_____

과제 정하기

★ 문제 해결을 위한 실행과제 선택하기

지난주의 평가 결과에 따라 이전 과제를 이어가거나 수정하여 사용합니다. 오늘 발견한 해결방법을 다음 일주일간의 새로운 실행과제로 선택할 수도 있습니다.

★ 꿈을 위한 실행과제 선택하기

> 이 주의 해결 실행과제는
>
> _____ 입니다.

지난주의 평가 결과에 따라 이전의 과제를 이어가거나 수정하여 사용합니다. 꿈 실행과제의 목록을 더 늘려갈 수도 있습니다.

> 이 주의 해결 실행과제는
>
> _____ 입니다.

행복이의 자유 여행 준비 팁
- 활용하려는 마음

'부채를 가졌으나 더위를 당하여 쓸 줄을 모른다면 부채의
효력이 무엇이리요.'

-원불교 대종경 수행품 52장 중에서'

Week 1

이 주의

1) 문제 해결을 위한 실행과제

_____

2) 꿈을 위한 실행과제

_____

*이 수첩은 마음에 저장되었습니다. 하루를 여행하는 동안 필요시 꺼내어 사용하세요.

실행 일기 Day 1

년   월   일

마음 쉬기

- 1분 명상 + 5분 스트레칭 하기

	했어요	못했어요
아침		
저녁		

과제 실행하기

- 이 주의 과제를 적고 오늘 하루 잘 실행했는지 확인하기
(실행한 번수를 적으세요)

1) 문제 해결을 위한 실행과제 _____

했어요	
못했어요	
상황이 발생하지 않았어요	

2) 꿈을 위한 실행과제 _____

했어요	
못했어요	

오늘도 땡큐

－ 하루 중 고마운 일 나누기

_____

_____ '고마워요.'

오늘의 나눔

－ 나와 타인에게 따뜻한 마음 전하기

_____

오늘의 스케치

변화는 매일의 실행과 점검에서 시작됩니다.

실행 일기 Day 2

년   월   일

마음 쉬기

- 1분 명상 + 5분 스트레칭 하기

	했어요	못했어요
아침		
저녁		

과제 실행하기

- 이 주의 과제를 적고 오늘 하루 잘 실행했는지 확인하기
(실행한 번수를 적으세요)

1) 문제 해결을 위한 실행과제 _____

했어요	
못했어요	
상황이 발생하지 않았어요	

2) 꿈을 위한 실행과제 _____

했어요	
못했어요	

오늘도 땡큐

— 하루 중 고마운 일 나누기

_____

_____ '고마워요.'

오늘의 나눔

— 나와 타인에게 따뜻한 마음 전하기

_____

자유여행용
수첩

오늘의 스케치

변화는 매일의 실행과 점검에서 시작됩니다.

실행 일기 Day 3

년   월   일

마음 쉬기

- 1분 명상 + 5분 스트레칭 하기

	했어요	못했어요
아침		
저녁		

과제 실행하기

- 이 주의 과제를 적고 오늘 하루 잘 실행했는지 확인하기

(실행한 번수를 적으세요)

1) 문제 해결을 위한 실행과제 _____

했어요	
못했어요	
상황이 발생하지 않았어요	

2) 꿈을 위한 실행과제 _____

했어요	
못했어요	

오늘도 땡큐

- 하루 중 고마운 일 나누기

_____

'고마워요.'

오늘의 나눔

- 나와 타인에게 따뜻한 마음 전하기

_____

자유여행용
수첩

오늘의 스케치

변화는 매일의 실행과 점검에서 시작됩니다.

실행 일기 Day 4

마음 쉬기

- 1분 명상 + 5분 스트레칭 하기

	했어요	못했어요
아침		
저녁		

과제 실행하기

- 이 주의 과제를 적고 오늘 하루 잘 실행했는지 확인하기

(실행한 번수를 적으세요)

1) 문제 해결을 위한 실행과제 _____

했어요	
못했어요	
상황이 발생하지 않았어요	

2) 꿈을 위한 실행과제 _____

했어요	
못했어요	

오늘도 땡큐

— 하루 중 고마운 일 나누기

_____

_____ '고마워요.'

오늘의 나눔

— 나와 타인에게 따뜻한 마음 전하기

_____

오늘의 스케치

변화는 매일의 실행과 점검에서 시작됩니다.

실행 일기 Day 5

마음 쉬기

- 1분 명상 + 5분 스트레칭 하기

	했어요	못했어요
아침		
저녁		

과제 실행하기

- 이 주의 과제를 적고 오늘 하루 잘 실행했는지 확인하기
(실행한 번수를 적으세요)

1) 문제 해결을 위한 실행과제 _____

했어요	
못했어요	
상황이 발생하지 않았어요	

2) 꿈을 위한 실행과제 _____

했어요	
못했어요	

오늘도 땡큐

― 하루 중 고마운 일 나누기

_____

'고마워요.'

오늘의 나눔

― 나와 타인에게 따뜻한 마음 전하기

_____

자유여행용
수첩

오늘의 스케치

변화는 매일의 실행과 점검에서 시작됩니다.

실행 일기 Day 6

년 　월 　일

마음 쉬기

– 1분 명상 + 5분 스트레칭 하기

	했어요	못했어요
아침		
저녁		

과제 실행하기

– 이 주의 과제를 적고 오늘 하루 잘 실행했는지 확인하기

(실행한 번수를 적으세요)

1) 문제 해결을 위한 실행과제 _____

했어요	
못했어요	
상황이 발생하지 않았어요	

2) 꿈을 위한 실행과제 _____

했어요	
못했어요	

오늘도 땡큐

– 하루 중 고마운 일 나누기

_____

'고마워요.'

오늘의 나눔

– 나와 타인에게 따뜻한 마음 전하기

_____

자유여행용
수첩

오늘의 스케치

변화는 매일의 실행과 점검에서 시작됩니다.

자유 여행 평가와 준비의 날

해결을 위한 실행과제 평가하기

★ 실행과제의 일주일 동안 실행 정도 평가하기 (　　%)

★ 실행하면서 배운 점, 힘들었던 점 평가하기

배운 점	힘든 점

★ 힘들었던 점을 해결할 방법 생각하기

꿈을 위한 실행과제 평가하기

★ 새로움에서 사용한 실행과제의 일주일 동안 실행 정도 평가하기 (　　%)

★ 실행하면서 배운 점, 힘들었던 점 평가하기

배운 점	힘든 점

★ 힘들었던 점을 해결할 방법 생각하기

새 과제 발견하기

★ 상황 돌아보기

일주일 동안 일이나 사람 관계에서 작거나 큰 감정동요나 불편함이 있었던 상황이 있었다면 누구와 어떤 상황이었는지 짧게 적습니다. 기분, 생각, 원했던 기대나 결과는 무엇이었는지도 살핍니다.

상황: _____

★ 마음 정리하기 〈당시 생각, 상황, 기분 등〉

_____ 하기를 바랐는데

_____ 하여 기분(마음)이 _____ 하였다.

★ 마음 이해하기

_____ 것이 나에게 중요한 것 같다.

★ 방법 발견하기

상황을 해결하기 위한 여러 방법을 생각하여 기록합니다.

_____

_____

과제 정하기

★ 문제 해결을 위한 실행과제 선택하기

지난주의 평가 결과에 따라 이전 과제를 이어가거나 수정하여 사용합니다. 오늘 발견한 해결방법을 다음 일주일간의 새로운 실행과제로 선택할 수도 있습니다.

★ 꿈을 위한 실행과제 선택하기

> 이 주의 해결 실행과제는
>
> _____ 입니다.

지난주의 평가 결과에 따라 이전의 과제를 이어가거나 수정하여 사용합니다. 꿈 실행과제의 목록을 더 늘려갈 수도 있습니다.

> 이 주의 해결 실행과제는
>
> _____ 입니다.

자유 여행자 휴게소

키가 큰 사람이 성벽에 앉아있습니다.

그 보다 키가 더 큰 사람이 옆에 앉았습니다.

큰 사람이 더 큰 사람보다는 작은 사람이 됩니다.

누구를 크다고 또 누구를 작다고 말할 수 있을까요?

무엇이 아름다운 것이고 무엇이 추한 것일까요?

좋고 나쁜 것은요?

잘하고 못하는 것은요?

절대적 분류가 가능한 것들이 있기는 할까요?

누군가의 분류에 힘들어 할 이유가 없어집니다.

Week 2

이 주의

1) 문제 해결을 위한 실행과제

_____

2) 꿈을 위한 실행과제

_____

*이 수첩은 마음에 저장되었습니다. 하루를 여행하는 동안 필요시 꺼내어 사용하세요.

실행 일기 Day 1

마음 쉬기

- 1분 명상 + 5분 스트레칭 하기

	했어요	못했어요
아침		
저녁		

과제 실행하기

- 이 주의 과제를 적고 오늘 하루 잘 실행했는지 확인하기

(실행한 번수를 적으세요)

1) 문제 해결을 위한 실행과제 _____

했어요	
못했어요	
상황이 발생하지 않았어요	

2) 꿈을 위한 실행과제 _____

했어요	
못했어요	

오늘도 땡큐

− 하루 중 고마운 일 나누기

_____

_____ '고마워요.'

오늘의 나눔

− 나와 타인에게 따뜻한 마음 전하기

_____

자유여행용
수첩

오늘의 스케치

변화는 매일의 실행과 점검에서 시작됩니다.

실행 일기 Day 2

년   월   일

마음 쉬기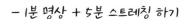

– 1분 명상 + 5분 스트레칭 하기

	했어요	못했어요
아침		
저녁		

과제 실행하기

– 이 주의 과제를 적고 오늘 하루 잘 실행했는지 확인하기

(실행한 번수를 적으세요)

1) 문제 해결을 위한 실행과제 _____

했어요	
못했어요	
상황이 발생하지 않았어요	

2) 꿈을 위한 실행과제 _____

했어요	
못했어요	

오늘도 땡큐

– 하루 중 고마운 일 나누기

'고마워요.'

오늘의 나눔

– 나와 타인에게 따뜻한 마음 전하기

오늘의 스케치

변화는 매일의 실행과 점검에서 시작됩니다.

실행 일기 Day 3

년   월   일

마음 쉬기

- 1분 명상 + 5분 스트레칭 하기

	했어요	못했어요
아침		
저녁		

과제 실행하기

- 이 주의 과제를 적고 오늘 하루 잘 실행했는지 확인하기

(실행한 번수를 적으세요)

1) 문제 해결을 위한 실행과제 _____

했어요	
못했어요	
상황이 발생하지 않았어요	

2) 꿈을 위한 실행과제 _____

했어요	
못했어요	

오늘도 땡큐

– 하루 중 고마운 일 나누기

_____

_____ '고마워요.'

오늘의 나눔

– 나와 타인에게 따뜻한 마음 전하기

_____

자유여행용
수첩

오늘의 스케치

변화는 매일의 실행과 점검에서 시작됩니다.

실행 일기 Day 4

년   월   일

마음 쉬기

- l분 명상 + 5분 스트레칭 하기

	했어요	못했어요
아침		
저녁		

과제 실행하기

- 이 주의 과제를 적고 오늘 하루 잘 실행했는지 확인하기
(실행한 번수를 적으세요)

1) 문제 해결을 위한 실행과제 _____

했어요	
못했어요	
상황이 발생하지 않았어요	

2) 꿈을 위한 실행과제 _____

했어요	
못했어요	

오늘도 땡큐

― 하루 중 고마운 일 나누기

_____

'고마워요.'

오늘의 나눔

― 나와 타인에게 따뜻한 마음 전하기

_____

오늘의 스케치

변화는 매일의 실행과 점검에서 시작됩니다.

실행 일기 Day 5

마음 쉬기

- 1분 명상 + 5분 스트레칭 하기

	했어요	못했어요
아침		
저녁		

과제 실행하기

- 이 주의 과제를 적고 오늘 하루 잘 실행했는지 확인하기

(실행한 번수를 적으세요)

1) 문제 해결을 위한 실행과제 _____

했어요	
못했어요	
상황이 발생하지 않았어요	

2) 꿈을 위한 실행과제 _____

했어요	
못했어요	

오늘도 땡큐

— 하루 중 고마운 일 나누기

_____

'고마워요.'

오늘의 나눔

— 나와 타인에게 따뜻한 마음 전하기

_____

오늘의 스케치

변화는 매일의 실행과 점검에서 시작됩니다.

실행 일기 Day 6

마음 쉬기

- 1분 명상 + 5분 스트레칭 하기

	했어요	못했어요
아침		
저녁		

과제 실행하기

- 이 주의 과제를 적고 오늘 하루 잘 실행했는지 확인하기
(실행한 번수를 적으세요)

1) 문제 해결을 위한 실행과제 _____

했어요	
못했어요	
상황이 발생하지 않았어요	

2) 꿈을 위한 실행과제 _____

했어요	
못했어요	

오늘도 땡큐

– 하루 중 고마운 일 나누기

_____

                                              '고마워요.'

오늘의 나눔

– 나와 타인에게 따뜻한 마음 전하기

_____

오늘의 스케치

변화는 매일의 실행과 점검에서 시작됩니다.

자유 여행 평가와 준비의 날

해결을 위한 실행과제 평가하기

★ 실행과제의 일주일 동안 실행 정도 평가하기 (%)

★ 실행하면서 배운 점, 힘들었던 점 평가하기

배운 점	힘든 점

★ 힘들었던 점을 해결할 방법 생각하기

꿈을 위한 실행과제 평가하기

★ 새로움에서 사용한 실행과제의 일주일 동안 실행 정도 평가하기 (%)

★ 실행하면서 배운 점, 힘들었던 점 평가하기

배운 점	힘든 점

★ 힘들었던 점을 해결할 방법 생각하기

새 과제 발견하기

★ 상황 돌아보기

일주일 동안 일이나 사람 관계에서 작거나 큰 감정동요나 불편함이 있었던 상황이 있었다면 누구와 어떤 상황이었는지 짧게 적습니다. 기분, 생각, 원했던 기대나 결과는 무엇이었는지도 살핍니다.

상황: _____

★ 마음 정리하기 (당시 생각, 상황, 기분 등)

_____ 하기를 바랐는데

_____ 하여 기분(마음)이 _____ 하였다.

★ 마음 이해하기

_____ 것이 나에게 중요한 것 같다.

★ 방법 발견하기

상황을 해결하기 위한 여러 방법을 생각하여 기록합니다.

_____

_____

과제 정하기

★ 문제 해결을 위한 실행과제 선택하기

지난주의 평가 결과에 따라 이전 과제를 이어가거나 수정하여 사용합니다. 오늘 발견한 해결방법을 다음 일주일간의 새로운 실행과제로 선택할 수도 있습니다.

★ 꿈을 위한 실행과제 선택하기

> 이 주의 해결 실행과제는
>
> _____ 입니다.

지난주의 평가 결과에 따라 이전의 과제를 이어가거나 수정하여 사용합니다. 꿈 실행과제의 목록을 더 늘려갈 수도 있습니다.

> 이 주의 해결 실행과제는
>
> _____ 입니다.

자유 여행자 휴게소

산책을 하다

나무 그림자가 움직이는 걸 봅니다.

그림자를 보며 생각합니다.

해가 움직이니 그림자도 변화하네요.

세상 모든 만물이 한시도 가만히 있지 않고 변하고 있네요.

지금과 같은 어제도 지금과 같은 내일도 없었네요.

변하지 않길 바라는 마음.

그 마음이 변해야겠습니다.

Week 3

이 주의

1) 문제 해결을 위한 실행과제

_____

2) 꿈을 위한 실행과제

_____

*이 수첩은 마음에 저장되었습니다. 하루를 여행하는 동안 필요시 꺼내어 사용하세요.

실행 일기 Day 1

년   월   일

마음 쉬기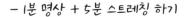

- 1분 명상 + 5분 스트레칭 하기

	했어요	못했어요
아침		
저녁		

과제 실행하기

- 이 주의 과제를 적고 오늘 하루 잘 실행했는지 확인하기

(실행한 번수를 적으세요)

1) 문제 해결을 위한 실행과제 _____

했어요	
못했어요	
상황이 발생하지 않았어요	

2) 꿈을 위한 실행과제 _____

했어요	
못했어요	

오늘도 땡큐 🐱

— 하루 중 고마운 일 나누기

_____

_____   '고마워요.'

오늘의 나눔

— 나와 타인에게 따뜻한 마음 전하기

_____

오늘의 스케치

변화는 매일의 실행과 점검에서 시작됩니다.

실행 일기 Day 2

년　　　　월　　　　일

마음 쉬기

– 1분 명상 + 5분 스트레칭 하기

	했어요	못했어요
아침		
저녁		

과제 실행하기

– 이 주의 과제를 적고 오늘 하루 잘 실행했는지 확인하기

(실행한 번수를 적으세요)

1) 문제 해결을 위한 실행과제 _____

했어요	
못했어요	
상황이 발생하지 않았어요	

2) 꿈을 위한 실행과제 _____

했어요	
못했어요	

오늘도 땡큐

— 하루 중 고마운 일 나누기

_____

'고마워요.'

오늘의 나눔

— 나와 타인에게 따뜻한 마음 전하기

_____

오늘의 스케치

변화는 매일의 실행과 점검에서 시작됩니다.

실행 일기 Day 3

마음 쉬기

– 1분 명상 + 5분 스트레칭 하기

	했어요	못했어요
아침		
저녁		

과제 실행하기

– 이 주의 과제를 적고 오늘 하루 잘 실행했는지 확인하기

(실행한 번수를 적으세요)

1) 문제 해결을 위한 실행과제 _____

했어요	
못했어요	
상황이 발생하지 않았어요	

2) 꿈을 위한 실행과제 _____

했어요	
못했어요	

오늘도 땡큐

− 하루 중 고마운 일 나누기

_____

'고마워요.'

오늘의 나눔

− 나와 타인에게 따뜻한 마음 전하기

_____

오늘의 스케치

변화는 매일의 실행과 점검에서 시작됩니다.

실행 일기 Day 4

년　　　월　　　일

마음 쉬기

– 1분 명상 + 5분 스트레칭 하기

	했어요	못했어요
아침		
저녁		

과제 실행하기

– 이 주의 과제를 적고 오늘 하루 잘 실행했는지 확인하기

(실행한 번수를 적으세요)

1) 문제 해결을 위한 실행과제 _____

했어요	
못했어요	
상황이 발생하지 않았어요	

2) 꿈을 위한 실행과제 _____

했어요	
못했어요	

오늘도 땡큐

− 하루 중 고마운 일 나누기

_____

'고마워요.'

오늘의 나눔

− 나와 타인에게 따뜻한 마음 전하기

_____

오늘의 스케치

변화는 매일의 실행과 점검에서 시작됩니다.

실행 일기 Day 5

년   월   일

마음 쉬기

- 1분 명상 + 5분 스트레칭 하기

	했어요	못했어요
아침		
저녁		

과제 실행하기

- 이 주의 과제를 적고 오늘 하루 잘 실행했는지 확인하기

(실행한 번수를 적으세요)

1) 문제 해결을 위한 실행과제 _____

했어요	
못했어요	
상황이 발생하지 않았어요	

2) 꿈을 위한 실행과제 _____

했어요	
못했어요	

오늘도 땡큐

- 하루 중 고마운 일 나누기

_____

_____ '고마워요.'

오늘의 나눔

- 나와 타인에게 따뜻한 마음 전하기

_____

오늘의 스케치

변화는 매일의 실행과 점검에서 시작됩니다.

실행 일기 Day 6

년   월   일

마음 쉬기

- 1분 명상 + 5분 스트레칭 하기

	했어요	못했어요
아침		
저녁		

과제 실행하기

- 이 주의 과제를 적고 오늘 하루 잘 실행했는지 확인하기

(실행한 번수를 적으세요)

1) 문제 해결을 위한 실행과제 _____

했어요	
못했어요	
상황이 발생하지 않았어요	

2) 꿈을 위한 실행과제 _____

했어요	
못했어요	

오늘도 땡큐

– 하루 중 고마운 일 나누기

_____

'고마워요.'

오늘의 나눔

– 나와 타인에게 따뜻한 마음 전하기

_____

오늘의 스케치

변화는 매일의 실행과 점검에서 시작됩니다.

자유 여행 평가와 준비의 날

해결을 위한 실행과제 평가하기

★ 실행과제의 일주일 동안 실행 정도 평가하기 (%)

★ 실행하면서 배운 점, 힘들었던 점 평가하기

배운 점	힘든 점

★ 힘들었던 점을 해결할 방법 생각하기

꿈을 위한 실행과제 평가하기

★ 새로움에서 사용한 실행과제의 일주일 동안 실행 정도 평가하기 (%)

★ 실행하면서 배운 점, 힘들었던 점 평가하기

배운 점	힘든 점

★ 힘들었던 점을 해결할 방법 생각하기

새 과제 발견하기

★ 상황 돌아보기

일주일 동안 일이나 사람 관계에서 작거나 큰 감정동요나 불편함이 있었던 상황이 있었다면 누구와 어떤 상황이었는지 짧게 적습니다. 기분, 생각, 원했던 기대나 결과는 무엇이었는지도 살핍니다.

상황: _____

★ **마음 정리하기 (당시 생각, 상황, 기분 등)**

_____ 하기를 바랐는데

_____ 하여 기분(마음)이 _____ 하였다.

★ **마음 이해하기**

_____ 것이 나에게 중요한 것 같다.

★ **방법 발견하기**

상황을 해결하기 위한 여러 방법을 생각하여 기록합니다.

_____

_____

과제 정하기

★ **문제 해결을 위한 실행과제 선택하기**

지난주의 평가 결과에 따라 이전 과제를 이어가거나 수정하여 사용합니다. 오늘 발견한 해결방법을 다음 일주일간의 새로운 실행과제로 선택할 수도 있습니다.

★ **꿈을 위한 실행과제 선택하기**

> 이 주의 해결 실행과제는
>
> _____ 입니다.

지난주의 평가 결과에 따라 이전의 과제를 이어가거나 수정하여 사용합니다. 꿈 실행과제의 목록을 더 늘려갈 수도 있습니다.

> 이 주의 해결 실행과제는
>
> _____ 입니다.

자유 여행자 휴게소

어느 꽃도

한 번에 피어나지 않았습니다.

바람 한 올

이슬 한 방울

흙 한 조각

그 아주 작은 순간순간을

스쳐 비로소 꽃이 되었습니다.

곱건 거칠건 모두 그렇게

숨결 하나하나의

선물이었습니다.

어느 꽃도 한 번에 피어나지 않았습니다.

한 올 한 올의 그 순간이

모두 꽃이었습니다.

숨결 한 번이 모두 삶이었습니다.

Week 4

이 주의

1) 문제 해결을 위한 실행과제

_____

2) 꿈을 위한 실행과제

_____

*이 수첩은 마음에 저장되었습니다. 하루를 여행하는 동안 필요시 꺼내어 사용하세요.

실행 일기 Day 1

마음 쉬기

− 1분 명상 + 5분 스트레칭 하기

	했어요	못했어요
아침		
저녁		

과제 실행하기

− 이 주의 과제를 적고 오늘 하루 잘 실행했는지 확인하기

(실행한 번수를 적으세요)

1) 문제 해결을 위한 실행과제 ＿＿＿＿＿＿＿＿＿＿＿＿＿＿＿＿＿

했어요	
못했어요	
상황이 발생하지 않았어요	

2) 꿈을 위한 실행과제 ＿＿＿＿＿＿＿＿＿＿＿＿＿＿＿＿＿

했어요	
못했어요	

오늘도 땡큐

— 하루 중 고마운 일 나누기

_____

_____ '고마워요.'

오늘의 나눔

— 나와 타인에게 따뜻한 마음 전하기

_____

자유여행용
수첩

오늘의 스케치

변화는 매일의 실행과 점검에서 시작됩니다.

실행 일기 Day 2

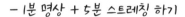

년   월   일

마음 쉬기

- 1분 명상 + 5분 스트레칭 하기

	했어요	못했어요
아침		
저녁		

과제 실행하기

- 이 주의 과제를 적고 오늘 하루 잘 실행했는지 확인하기

(실행한 번수를 적으세요)

1) 문제 해결을 위한 실행과제 _____

했어요	
못했어요	
상황이 발생하지 않았어요	

2) 꿈을 위한 실행과제 _____

했어요	
못했어요	

오늘도 땡큐

− 하루 중 고마운 일 나누기

_____

_____ '고마워요.'

오늘의 나눔

− 나와 타인에게 따뜻한 마음 전하기

_____

자유·여행용
수첩

오늘의 스케치

변화는 매일의 실행과 점검에서 시작됩니다.

- 183 -

실행 일기 Day 3

년   월   일

마음 쉬기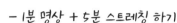

– 1분 명상 + 5분 스트레칭 하기

	했어요	못했어요
아침		
저녁		

과제 실행하기

– 이 주의 과제를 적고 오늘 하루 잘 실행했는지 확인하기
(실행한 번수를 적으세요)

1) 문제 해결을 위한 실행과제 _____

했어요	
못했어요	
상황이 발생하지 않았어요	

2) 꿈을 위한 실행과제 _____

했어요	
못했어요	

오늘도 땡큐

– 하루 중 고마운 일 나누기

_____

'고마워요.'

오늘의 나눔

– 나와 타인에게 따뜻한 마음 전하기

_____

오늘의 스케치

변화는 매일의 실행과 점검에서 시작됩니다.

실행 일기 Day 4

년   월   일

마음 쉬기

- 1분 명상 + 5분 스트레칭 하기

	했어요	못했어요
아침		
저녁		

과제 실행하기

- 이 주의 과제를 적고 오늘 하루 잘 실행했는지 확인하기
(실행한 번수를 적으세요)

1) 문제 해결을 위한 실행과제 _____

했어요	
못했어요	
상황이 발생하지 않았어요	

2) 꿈을 위한 실행과제 _____

했어요	
못했어요	

오늘도 땡큐

− 하루 중 고마운 일 나누기

'고마워요.'

오늘의 나눔

− 나와 타인에게 따뜻한 마음 전하기

오늘의 스케치

변화는 매일의 실행과 점검에서 시작됩니다.

실행 일기 Day 5

마음 쉬기

- 1분 명상 + 5분 스트레칭 하기

	했어요	못했어요
아침		
저녁		

과제 실행하기

- 이 주의 과제를 적고 오늘 하루 잘 실행했는지 확인하기

(실행한 번수를 적으세요)

1) 문제 해결을 위한 실행과제 _____

했어요	
못했어요	
상황이 발생하지 않았어요	

2) 꿈을 위한 실행과제 _____

했어요	
못했어요	

오늘도 땡큐

— 하루 중 고마운 일 나누기

_____

_____

'고마워요.'

오늘의 나눔

— 나와 타인에게 따뜻한 마음 전하기

_____

자유 여행용
수첩

오늘의 스케치

변화는 매일의 실행과 점검에서 시작됩니다.

실행 일기 Day 6

년   월   일

마음 쉬기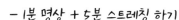

– 1분 명상 + 5분 스트레칭 하기

	했어요	못했어요
아침		
저녁		

과제 실행하기

– 이 주의 과제를 적고 오늘 하루 잘 실행했는지 확인하기

(실행한 번수를 적으세요)

1) 문제 해결을 위한 실행과제 _____

했어요	
못했어요	
상황이 발생하지 않았어요	

2) 꿈을 위한 실행과제 _____

했어요	
못했어요	

오늘도 땡큐

— 하루 중 고마운 일 나누기

_____

_____ '고마워요.'

오늘의 나눔

— 나와 타인에게 따뜻한 마음 전하기

_____

오늘의 스케치

변화는 매일의 실행과 점검에서 시작됩니다.

자유 여행 평가와 준비의 날

해결을 위한 실행과제 평가하기

★ 실행과제의 일주일 동안 실행 정도 평가하기 (%)

★ 실행하면서 배운 점, 힘들었던 점 평가하기

배운 점	힘든 점

★ 힘들었던 점을 해결할 방법 생각하기

꿈을 위한 실행과제 평가하기

★ 새로움에서 사용한 실행과제의 일주일 동안 실행 정도 평가하기 (%)

★ 실행하면서 배운 점, 힘들었던 점 평가하기

배운 점	힘든 점

★ 힘들었던 점을 해결할 방법 생각하기

새 과제 발견하기

★ 상황 돌아보기

일주일 동안 일이나 사람 관계에서 작거나 큰 감정동요나 불편함이 있었던 상황이 있었다면 누구와 어떤 상황이었는지 짧게 적습니다. 기분, 생각, 원했던 기대나 결과는 무엇이었는지도 살핍니다.

상황: _____

★ 마음 정리하기 〈당시 생각, 상황, 기분 등〉

_____ 하기를 바랐는데

_____ 하여 기분(마음)이 _____ 하였다.

★ 마음 이해하기

_____ 것이 나에게 중요한 것 같다.

★ 방법 발견하기

상황을 해결하기 위한 여러 방법을 생각하여 기록합니다.

_____

_____

과제 정하기

★ 문제 해결을 위한 실행과제 선택하기

지난주의 평가 결과에 따라 이전 과제를 이어가거나 수정하여 사용합니다. 오늘 발견한 해결방법을 다음 일주일간의 새로운 실행과제로 선택할 수도 있습니다.

★ 꿈을 위한 실행과제 선택하기

> 이 주의 해결 실행과제는
>
> _____ 입니다.

지난주의 평가 결과에 따라 이전의 과제를 이어가거나 수정하여 사용합니다. 꿈 실행과제의 목록을 더 늘려갈 수도 있습니다.

> 이 주의 해결 실행과제는
>
> _____ 입니다.

4주의 자유 여행을 마치셨습니다.

'실행일기'를 계속 진행하여 보세요.
한 가지 실행 과제가 완전히 익숙해질 때까지
포기하지 않고 계속하는 것이 중요합니다.

한 가지가 바뀌면 많은 것이 따라 바뀔 것입니다.
그 변화의 주인공은 바로 당신입니다.

계속 이어 갈 당신의 마음 여행을 응원합니다

자유 여행자 휴게소

나의 자유 여행 수첩

당신의 마음 여행 이야기를 들려주세요.

내가 나에게 보내는 편지

내가 나에게

_____아 (야),

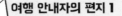
여행 안내자의 편지 1

안녕하세요? 저는 여러분의 마음 여행을 안내한 심리학자 양이 마음이입니다.

3년 전 미국 여행길에서 만난 오랜 친구이자 작가 댕댕이님과 태평양 해변을 보면서 함께 나누었던 이야기가 드디어 책으로 완성되었습니다. 아이디어와 추진력이 좋은 작가 댕댕이님을 믿고 시작하였지만 사실은 너무 지친 일상을 벗어나서 만났던 친구와의 행복한 시간, 산책하면서 바라본 캘리포니아 해변의 평화롭고 아름다운 경치가 그날의 시작이었던 것 같습니다. 당시의 느낌은 마음 여행의 첫 코스인 쉼 여행에 담았습니다.

쉼 여행은 불교에서 개발된 심리학의 치료 기술인 마음챙김에 대한 내용입니다. 지금, 현재 나와 내 주변에서 일어나는 현상에 주의를 두고, 일어나는 일을 관찰하듯이 살피는 것이 마음챙김의 방법입니다. 그러므로 너무 많은 외부 자극에 마음이 빼앗겨 내면을 보지 못하는 경우는 물론 내 감정, 생각에 마음이 빼앗겨 주변을 보지 못하는 경우에도 도움이 됩니다. 어느 하나에 과잉 집중하지 않고 나의 내부와 외부에서 일어나는 현상만을 그냥 그대로 살피는 마음챙김은 생각보다 그리 쉬운 기술은 아닙니다. 그렇기에 훈련이 필요합니다. 이 책의 전 과정에서는 그런 연습을 제공하고자 하였습니다. 그리고 불편한 마음을 보는 비움 여행 또한 마음 안에서 일어난 감정 현상을 그냥 보고, 관찰한 후 '그런 일이 있었구나.' 라는 마음챙김을 연습합니다.

책 작업이 시작된 지 5개월이 지나 이번에는 한국으로 휴가를 온 댕댕이님과 덕수궁 돌담길 회의를 할 때만 해도 두 사람의 계획은 차질이 없어 보였습니다. 하지만 불교의 '비움', 원불교의 '일기를 통한 마음공부', 심리학의 '마음챙김', '성장과 회복'이라는 많은 개념을 마음 여행 하나에 담아보겠다는 생각은 여러 가지로 쉽지 않았습니다. 작업 시간이 점점 길어지면서 미국과 한국의 시차를 이용한 출퇴근길, 자동차 회의도 끝없이 진행되었습니다. 통신망의 연결 상태가 좋은 날은 의사소통도 괜찮았지만 통신 상태마저 엉망인 날은 의사소통도 감정소통도 잘 되지 않았습니다. 비움 여행의 일정보기와 마음보기는 이렇듯 바쁘고 불편한 상황에서 적절히 일정을 관리하고, 지금 무엇 때문에 내가 이런지를 보는 연습입니다.

  대부분의 사람은 바쁘고 여유가 없을수록 상호 소통의 양과 질도 점점 나빠집니다. 그리고 소통이 어려워지면 매력적이고 조화롭던 개개인의 성격도 충돌하기 시작합니다. 그나마 챙김과 비움을 통하여 나를 본다면 잠시 멈출 수 있습니다. 하지만 이전의 힘들고 상처 난 각자의 불편한 기억들이 스트레스 상황에서 활동을 시작하면 돌이킬 수 없는 주관적이고 감정적인 상태가 되기 쉽습니다. 이 경우는 자신을 보기도 어렵기 때문에 남을 이해하고 배려하는 것은 거의 불가능합니다. 화해가 물 건너가는 순간입니다. 작가 친구와의 공동작업도 대략 이런 모습 중 하나였을 것입니다. 그리고 부부, 친구, 직장동료, 가족이 경험하는 갈등도 비슷한 과정을 거칩니다. 마음 여행은 그런 시간 나를 잘 보고 필요하다면 잠시 멈추어 나의 감정을 점검하고, 관계를 회복하고, 긍정적인 에너지를 충전하는 시간에 대한 내용입니다. 우리들의 행복도 마음 여행의 어딘가에 있기 때문입니다.

마음 여행 작업의 가장 큰 고비였던 친구 댕댕이님의 갑작스러운 건강 문제도 회복되었고, 우리의 책도 완성되었습니다. 책을 만드는 긴 시간 동안 저도 친구도 자신을 돌아보는 시간이었습니다. 오늘도 쉼, 비움, 만남, 새로움의 다이어리로 1일 1행복 여행에 도전하려고 합니다. 여러분의 마음 여행은 어떤 시간이었을까요? 함께 한 친구 댕댕이님에게 감사 인사를 전하며 이번 여행을 마무리합니다.

안녕하세요? 저는 여러분의 마음 여행을 안내한 작가 행복이입
니다. 여러분, 이 여행을 마친 느낌이 어떠신가요? 많은 감상이 있
으시겠죠. 물론 저에게도 많은 감상이 있었습니다. 그 중 아름다운
정원이 있는 집에 초대된 날의 감상으로 이 긴 여정의 마지막 편지
를 시작하려 합니다. 송년의 저녁 식사 모임이었습니다. 집 안은 밝
은 조명으로 환했고 밖은 어둠에 싸여 있었습니다. 식사 후, 소파
에 앉아 사람들과 담소를 나누던 중 어둠 속에 싸인 마당에서 풀냄
새가 향긋하게 들어왔고, 그곳이 궁금해졌습니다. 하지만, 환한 실
내에서는 밖이 전혀 보이지 않았습니다. 그런데, 초대된 사람들 중
누군가 노래방을 하겠다며 집 안의 조명을 낮추었습니다. 그 순간,
갑자기 아름다운 마당이 환하게 그 모습을 드러내는 것이었습니
다. '아! 나의 조명을 낮추니 어둠 속에서도 세상을 볼 수 있구나.'
이런 작은 깨달음을 얻은 저는 저의 조명을 낮추는 일이 무엇인지

생각해 보게 되었습니다. 그리고 살펴보니 이 일기장 '마음보기'를 하며 적어나갔던 내용들, 그리고 그 전부터 진행하고 있던 마음일기장 속의 과제들이 모두 나의 조명을 더욱 환히 밝히는 원인이었구나 하는 생각이 들었습니다. 화나고, 짜증나고, 창피하고 등등의 감정들이 다 나만을 밝히는 조명들은 아니었을까. 타인이 내 말을 듣지 않으면 화가 나고, 상대가 나한테 의견을 묻지 않으면 짜증이 나고 이런 이기적인 생각들이 점점 나의 조명을 환하게 해서 주변 인연과 세상을 볼 수 없게 만들고 있지는 않았는지……. 그렇다면 아름다운 세상을 보기 위해 나의 조명을 낮추는 일은 내가 옳다는 집착과 내 위주로만 생각하던 이기심을 내려놓고 '내가 상대의 입장이 되어 보는 것'은 아닐까 하는 생각이 들었습니다. 그래서 저는 이 신기한 마음 여행 다이어리의 진짜 첫걸음인 자유 여행 실행과제를 '불편한 감정이 생길 때마다 상대의 입장이 되어 보기'로 정하고 실행하려 노력하고 있습니다. 그 일이 될 때까지 한 달 두 달 세 달 계속 매일 매일 체크를 해 나갈 것입니다. 그 번수를 확인하기 위해서 수첩이나 메모장, 도구 등을 사용하고 있습니다. 물론 쉽지 않아 계속 같은 과제를 진행하고 있지만, 언젠가 그 노력이 제 마음의 자유와 행복으로 연결될 것이란 믿음은 변함이 없습니다. 왜냐하면 잘되거나 잘되지 않거나 이

노력 자체가 행복이기 때문입니다. 맞춤 행복이란 바로 나를 불편하게 하던 것들을 찾아내 그것을 직접 대면하고, 고치려 노력하는 과정 모두라 생각하고 또 느끼고 있기 때문입니다. 결과는 그 과정의 선물일 뿐 결과에 도달해야만 행복이 있는 건 아닌 것 같습니다.

많은 일이 그렇지만 맞춤 행복이란 주제로 시작된 이 '마음 여행' 또한 직접 해보지 않고는 그 느낌을 모를 것입니다. 영상물로 또는, 책으로 그 어떤 상세하고 멋진 설명을 들었다 할지라도 본인이 직접 가보지 않고는 여행의 참맛을 알 수 없듯이 이 책은 결국 스스로 직접 여행에 참여한 분만이 그 맛을 느낄 수 있을 것입니다. 부디 이 페이지를 펼치는 순간이 당신의 '마음 여행'의 끝자락이길……. 저희의 쉽지 않았던 긴 시간의 노력이 여러분의 마음에 가 닿았기를 그래서, 진정으로 당신이 이 세상에 태어났음에 감사하고 이 세상에서 행복한 삶을 살게 되었다는 편지를 쓰는 모습을 만나고 싶습니다. 저희가 이 책 안에서도 많이 이야기했지만 변화는 실천에서만 온다는 사실 잊지 마시고, 그 어떤 순간에도 자신의 삶을 사랑하고 그래서 즐겁고 행복하게 변화해가는 실천의 삶을 살아나가시길 바랍니다. 여러분 파이팅!

마지막으로 저를 이 자리에 있게 해준 모든 분들과 여러 어려운 여건 속에서도 긴 시간 함께 고생해 준 심리학자 마음이님 그리고, 마지막 편집에 함께 해준 저의 사랑하는 딸 문소정님, 저에게 영감을 준 이 책에 등장하는 모든 책의 저자들과 원불교에 진심으로 감사드립니다.

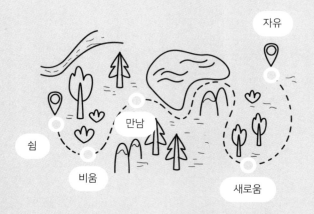

쉼

만남

비움

새로움

자유

당신은 어디쯤 계시나요?

앞으로도 그 동안 연습한 여행을 사용하여

'마음이 행복으로'

가는 길을 계속 찾아가세요.

스스로 실행하고 점검하는

당신의 '자유 여행'을

응원합니다.

행복 ∞ 여행 패키지

행복 실행 일기 Day ∞

년　　　월　　　일

마음 쉬기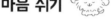

– 1분 명상 + 5분 스트레칭 하기

	했어요	못했어요
아침		
저녁		

과제 실행하기

– 이 주의 과제를 적고 오늘 하루 잘 실행했는지 확인하기

(실행한 번수를 적으세요)

1) 문제 해결을 위한 실행과제 _____

했어요	
못했어요	
상황이 발생하지 않았어요	

2) 꿈을 위한 실행과제 _____

했어요	
못했어요	

오늘도 땡큐

− 하루 중 고마운 일 나누기

_____

'고마워요.'

오늘의 나눔

− 나와 타인에게 따뜻한 마음 전하기

_____

자유여행용
수첩

오늘의 스케치

변화는 매일의 실행과 점검에서 시작됩니다.